U0671660

BIDIRECTIONAL CYCLIC VALUE SHAPING:
ANALYSIS OF SHANGJIA
BUSINESS MANAGEMENT SYSTEMS

新时代河南企业创新发展论丛

双向循环价值塑造

上佳品牌经营体系分析

张亚佩 / 著

社会科学文献出版社
SOCIAL SCIENCES ACADEMIC PRESS (CHINA)

　　河南省哲学社会科学规划项目"河南省专精特新企业越轨创新前因及后果研究"（2022BJJ021）；河南省哲学社会科学规划项目"社交媒体赋权下的突发公共危机社区协同治理研究"（2022BZZ002）；河南省研究生教育改革与质量提升工程项目"（YJS2023SZ28）；国家社会科学基金项目"网络社群集体认同机制与组织社会化策略研究"（21BSH112）的阶段性研究成果。

新时代河南企业创新发展论丛

总 主 编 薛玉莲

执行主编 牛全保　罗仲伟　李东进

编 委 会（以姓氏笔画为序）
牛全保　田启涛　孙　坚　李东进　罗仲伟
赵现红　谢香兵　蔡树堂　潘克勤　潘　勇
薛玉莲

总　序

　　地处中原地区的河南是华夏文明的重要发祥地，这片热土孕育出了璀璨的历史文明和无数的英雄人物。河南作为华夏文明中商人、商业、商业文化的重要发源地，也是考古学界、史学界的共识。自古以来，这里就有比较浓厚的商业氛围，人们也有较为敏锐的商业意识，涌现出滋润中华商业及商业文化的众多人物和事迹，脍炙人口、流芳后世。

　　3800年前的商代，河南商丘人王亥"肇牵车牛远服贾"，也就是用牛车拉着货物到远地的外部落去做生意，被奉为商业鼻祖。作为最早从事货物交易的商族人，后来被外部落的人赋予"商人"称谓。"商人"一词，沿袭至今。据历史考古，在商丘柘城老君堂遗址中曾出土商代早期的贝币200多枚，成为"商人"交易的见证。

　　孔老夫子的高足子贡，是河南浚县人，他善于经商致富，并以坚守"为富当仁"信条彪炳史册。正是在子贡的资助下，孔子才得以周游列国。被后人称为"商圣"的范蠡，是河南南阳人，他帮助越王勾践灭吴复国，在尊荣集于一身、权力达至顶峰之际，却"于天上看见深渊"，选择急流勇退、泛舟五湖，最后隐身于商业。其间三次经商成巨富，三散家财，自号陶朱公，成为中国儒商之始祖。河南新郑人弦高，在经商途中遇到了秦师入侵，遂以自己的十五头牛为代价智退秦军，挽救了郑国。享有"商祖"之誉的白圭是河南洛阳人，其在战国时期就创立的"人弃我取，人取我予"经商策略，至今仍为人们广泛运用。《吕氏春秋》的作者吕不韦是河南濮阳人，被誉为中国历史上最成功的商人，古今中外第一风险投资商，成为恢宏的豫商代表人物。西汉时的河南唐河人樊重善于农稼，爱好货殖，且乐善好施、扶危济困，是流芳史册的商人楷模之一。同时期的洛阳畜牧商人卜式，为帮助汉武帝打败匈奴平定边患，捐出了一半的财产充作军费，并且于战争结束后再次捐款用于移民实边。

明末清初，河南巩义的康氏家族以置办土地和店铺起家，靠河运贩盐起发财，靠土地致富，创下"富过十二代，历经 400 年不败"的康百万时代，"头枕泾阳、西安，脚踏临沂、济南；马跑千里不吃别家草，人行千里全是康家田"是其真实写照，时列三大"活财神"之首，也使古代豫商达到了发展巅峰。

总之，在中华文明的历史长河中，豫商是中国商帮中非常重要的群体。千年豫商曾经创造了辉煌的历史，为中国的商业理论、商业实践和商业文化的确立和发展做出了伟大的贡献。

豫商作为中华文明发展史上最早的商业群体，其经商精神与中国传统文化一脉相承，并有独具特色的文化特征。豫商将儒家文化与商业结合起来，往往处变不惊、深藏不露，克服了根深蒂固的"学而优则仕""尊儒黜商"的传统观念，推崇文化，兼容并蓄，亦儒亦农亦商。有研究者指出，概括而言，豫商的商业特性主要体现在诚信为本、质量求胜，为富当仁、扶危济困，政商相融、爱国情怀，把握市场、注重供求等四个方面。当然，豫商商业特性及豫商文化的养成，离不开传统而深厚的儒家文化以及中原文化与豫商文化的和谐融通。

当改革开放的春潮席卷中原大地之时，由民营企业家群体构成的新一代豫商应运而生并快速成长。伴随着建设中国特色社会主义市场经济的历史进程，他们抓住破茧而出、再次崛起的良机，通过艰苦奋斗、顽强打拼，不断地创造辉煌成绩，不停地超越自己，书写了一个又一个商业传奇，铸就了新豫商这个响亮的"品牌"。如今，新豫商作为河南的一张新时代名片越来越响亮，影响越来越大，由新豫商创建和经营的新豫企，成为河南经济发展的中流砥柱，为经济和社会的发展做出了不可或缺的突出贡献。

随着中国特色社会主义进入新时代，河南作为全国重要的经济大省、人口大省，有厚实基础、有独特优势、有巨大潜力保持经济持续稳定发展，从而使新豫商、新豫企站在了新的历史起点上。特别是黄河流域生态保护和高质量发展、促进中部地区崛起两大国家战略叠加，为新豫商、新豫企的高质量发展提供了机遇。

习近平总书记 2019 年 9 月亲临河南视察工作时，把"中原更加出彩"与中国梦联系在一起。新豫商、新豫企深感初心如磐，使命在肩。为此，在深入、系统地研究豫商发展史，总结豫商经验，弘扬豫商精神的基础上，不断壮大新豫商队伍，振兴新豫企经济，不仅是河南民营经济实现突破、达成超越的现实要求，也是实现区域经济发展、"中原更加出彩"的客观需要。

正是在上述背景下，河南财经政法大学组织以工商管理学院为主的相关专业师生，深入企业基层开展调研，旨在以全球经济竞争为视野，从工商管理等学科的学术层面深入研究、细致刻画进入 21 世纪后中原大地上产生的具有典型性的领先企业创新实践，客观、准确地反映新豫商、新豫企因应新产业革命而创新发展的特色、远景和管理学启示，同时从区域层面展望新时代企业经营管理的发展趋势。而将陆续形成的研究成果结集成多部专著，就成为这样一套富有特色的丛书。

总体上看，这套丛书力争体现以下特色。

一是时代前瞻。紧紧扣住数字智能新时代对微观经济实体提出的现实挑战和提供的重大机遇，梳理新豫商、新豫企的具体创新性实践，发现和揭示具有示范性、引领性甚至颠覆性的企业创新实践路径，而不是简单地对经典教科书或传统管理理论的重新整理。

二是问题导向。聚焦数字智能新时代新豫商、新豫企的战略决策和经营管理，着眼于最具特色的新豫企创新实践及其突破性实绩，展现新豫商、新豫企的时代经营特性和商业精神，而不是面面俱到的新豫企发展史也不是新豫商企业家的个人奋斗史。

三是案例分析。以经典、规范的案例研究方式对新豫商、新豫企的创新实践展开学术分析，通过符合逻辑的学理性思考和分析，增进对新豫商、新豫企经营管理实践和创新的认识，并构建企业经营管理理论，而不是对企业经营经验和绩效的一般性总结。

新豫商、新豫企涉及一个动态发展的过程，对新豫商、新豫企的认识同样是一个不断深入的过程，这样就需要研究长期持续下去，以不断反映这片热土上激动人心的伟大创造和变化，不断充实中国特色社会主义工商管理理论和相关学科内容。衷心希望这套丛书的出版有助于促进对新豫商、新豫企的研究，推动更多有特色、高质量的研究成果为新时代管理实践服务，为工商管理理论创新服务，为工商管理教育服务。

序　言

习近平总书记强调：中小企业联系千家万户，是推动创新、促进就业、改善民生的重要力量。希望专精特新中小企业聚焦主业，精耕细作，在提升专业供应链稳定性，推动经济社会发展中发挥更加重要的作用。2021年，财政部与工业和信息化部联合发布《关于支持"专精特新"中小企业高质量发展的通知》（以下简称《通知》），强调以习近平新时代中国特色社会主义思想为指导，着眼推进中小企业高质量发展和助推构建"双循环"新发展格局。"专精特新"，特指具有专业化、精细化、特色化、新颖化特征的中小企业。《通知》强调，通过扶持"专精特新"企业、提升科技创新能力，服务构建"双循环"新发展格局，助力引导中小企业"专精特新"发展，进一步激发企业活力和发展动力，推动中小企业转型升级。

民以食为天，食以安为先。本书以全国质量、服务、信誉AAA级企业，河南省农业产业化省重点龙头企业，郑州市2022年"专精特新"企业——郑州上佳食品有限公司为研究对象，梳理该公司20多年来在食品营销市场上创造的"上佳路径"，探寻企业立足国家粮仓、国家中心城市的区域背景，以人口大省的基本食品消费保障为起点，与时代发展同频共振，逐步成为拥有辐射全国1000多个营销点、年利润稳定增长的重点企业的发展规律。剖析典型的食品类公司，如何以制造新鲜、安全的冷冻速食产品为使命，20余年隐为经营、全力奋进的发展"密码"。剖析在国家中心城市快速发展的大势中，实现从无到有、从小到大、从弱到强的迭代、成长的"动力源泉"，寻觅在新冠疫情、市场普遍低迷的 3 年，公司利润依然逆势增长的独特奥秘，探寻企业内外兼修、稳步发展的中原"基因"和"神秘原力"，研究打通链路、实现企业"内外"双向循环的经营管理规律。

企业发展的关键在于先进、精准、正确的发展理念，内部不竭的鲜活动力和外部良好的市场基础，设计好、产得出、卖得顺的"拳头产品"。同时，需要具备高度开放的发展心态和内部、外部强烈的增长需求。研究者作为企业顾问，亲历企业成长，又以独特的"第三方"视角，深挖企业经营的内在逻辑机制，通过问卷调查、关键人物访谈、资料搜集分析、定性研究等方法，对公司特色的经营哲学、经营管理体系、人才培养体系进行剖析，从数字经营、心理分析的角度切入，抓住企业经营报表、人员能力生成路径、企业市场产生依存关系的核心点，分析食品类企业如何构建内外市场的"双向循环"，如何畅通促进企业以及员工显性、隐性能力提升的"双向渠道"，如何运用第一性原理来"解剖麻雀"，从时间的维度展开企业发展的全过程分析，探究企业经营管理从草根思维到适应时代的规范经营，从取得阶段性成就后的试探性失败扩张，到形成拳头产品，依靠创新驱动，艰难成功转型的发展动力，凝练的两个"双向"增长路径，为众多中小型企业发展提供重要借鉴，归纳总结企业发展理念、营销策略，对学习、研究和促进国内民营企业、区域经济发展可提供重要的参考样本。

全书共分七个部分：第一章主要介绍上佳公司的发展历程，包括创业想法萌发、实现规范运营和塑造特色经营管理体系三个阶段的内容；第二章主要介绍上佳的生存逻辑，从双向价值塑造的角度分析公司的外部客户价值成就和内部员工价值塑造；第三章主要分析上佳的经营哲学，根据公司的发展历程梳理总结公司经营哲学的三个阶段；第四章主要介绍上佳人"可算账"，是上佳公司经营管理体系的底层逻辑，把系统组织划分为模块单元，要求实现"拆整为零，以零为整，整中含零，零中有整"。第五章介绍上佳人"能算账"，该部分是上佳经营管理体系的操作核心，通过把外部市场的竞争压力传导至企业内部，实现"内部市场价值创造"、"体现部门虚拟利润"和"落实内部交易价值交换"。第六章介绍上佳人"会算账"，该部分是上佳经营管理体系的本质结果呈现，通过经营会计显性呈现经营过程。第七章介绍上佳人"拔动能"，该部分主要介绍上佳公司如何利用经营哲学、可算账、能算账和会算账打造上佳人的正确思维方式和实践能力。

作者2017年起担任上佳公司的战略顾问，长期关注公司经营管理体系研究，通过参与公司年度经营计划会议、阶段性经营分析会等活动，提炼总结市场营销规律，主导公司"营销管理""消费者行为""年度经营计划制定"等课程培训，组织主管部门工作人员多轮次实地调研，获得了大量的一手研究数据和资料。经过7年持续的思考、总结、研究，得以成稿。希望能为中原民营企业的发展提供价值参考。写作过程中，河南财经政法大学工商管理学院李志兰、张佳和张娜三位老师给予了极大帮助，郭安琪同学积极参与书稿图表的制作等初稿辅助工作，致以诚挚的谢意。

目　录

第一章
上佳发展历程

努力经营，原力觉醒

  企业就像是个生产三明治的机器，放入"资源"这些原料，经过"经营机制"或"经营体系"的构建加工，得到或优或劣的"结果"三明治。其经营过程环环相扣，属性稍异，便是成功与失败两重天。梳理上佳公司的发展过程，就是梳理其在不同阶段，选择投放何种原料，采用何种经营机制，形成不同三明治的过程。

第一节　创业想法萌发，精准生产提量

（一）创业想法初现，摸索寻找市场机会

郑州上佳食品有限公司创建于 2001 年，总部位于河南省会郑州市，集团旗下有郑州上佳食品有限公司、泌阳县鑫发食用菌有限责任公司、郑州聚锅优品食品有限公司。郑州上佳食品有限公司现有员工 450 余人，拥有专业的营销团队、精细的生产团队和优良的后勤服务团队。公司聚焦中式快餐、火锅麻辣烫、烧烤、家庭消费四大消费场景，主营速冻调理制品、烤肠类、植物蛋白制品三大品类，已成功打造恋佳、典丰、优豆坊、豆一绝、大厨小宴等品牌。

上佳食品有限公司的创立，源自其创始人——李战胜董事长，大学毕业后从事的第一份工作。李战胜大学毕业后的第一份工作是烤肠销售，工作不久，李战胜认为烤肠市场有着很大的发展潜力，于 2001 年本着"做家人都能放心吃的食品"理念开始创业，创办了郑州上佳食品厂，上佳公司经营的起步是作坊式的烤肠生产。

"做家人都能放心吃的食品"成为上佳公司诞生的基因，也成为上佳公司发展过程中的主旋律，甚至可以说是上佳公司发展的定海神针。"做家人都能放心吃的食品"影响了上佳公司的整个价值链条，首先，"做家人都能

放心吃的食品"确立了上佳公司选择原材料供应商的质量标准，并且成为基本的质量标杆，即绝对不会为了降低生产成本而降低对原材料品质的要求，这个甚至影响到了上佳公司第二次创业赛道的选择。其次，"做家人都能放心吃的食品"成为上佳公司生产过程的品控标准，强化了生产过程的卫生标准、工艺流程的规范性。

（二）想法落地运营，初步感受创业蜜糖

李战胜董事长根据烤肠销售的经验，确定将农村地区作为目标市场，同时，结合目标市场消费水平较低的特点，上佳公司定位于生产售卖1元烤肠（台式烤肠）。上佳公司的1元烤肠，在农村地区的渗透非常成功，市场业务不断发展壮大，销售额稳步上升，短短时间就达到几千万元，郑州上佳食品厂也很快成为当时烤肠市场的领头羊。上佳食品有限公司品尝到了创业这盘大餐餐前菜的甜蜜，初始创业的蜜糖让上佳公司迎来了市场发展的机会。

随着市场份额的扩大，上佳食品有限公司迎来产品加工流程质的飞跃。伴随着销售量上升，上佳的名声越来越大，上佳在市场上逐步站稳脚跟。伴随上升势头而来的，是更大的市场需求量和更多的订单。上佳为匹配需求，迈出发展中非常重要的一步，扩张建厂，提升产能。2005年，上佳在郑州市东开发区建立新厂，年生产能力提升至4500吨。上佳正式从一个作坊式工厂，转变为郑州上佳食品有限公司，作坊式生产开始转变为规范化生产，扩张产能后的上佳，再次迎来开门红，公司的发展如日中天。

遇上机会窗口期的青年，胸中凌云志如预期般一一实现，但机会往往具有时间周期，这个时间周期能持续多久，谁也无法精准预测，尤其在红利当头时，局中人往往更"迷茫"。创业经验为零的李战胜并不知道此时除了要完成订单、扩大产能，更应该关注市场竞争巩固企业的市场地位。在这个时期，烤肠市场竞争日益激烈，对上佳公司的冲击已经埋下伏笔，而这个状态持续到2008年。据李战胜董事长回忆"这个阶段的自己一直处于战略无知的时期。只知道书本上战略的定义，但不理解。缺乏对未来市场的思考，也就没有战略层面的深入思考"。

（三）拓展经营范围，二次创业回归冷静

上佳公司决定向后延伸，实现多元化经营。2008 年中共中央、国务院印发《关于切实加强农业基础建设进一步促进农业发展农民增收的若干意见》，提出农村扶贫政策，倡导开展农业活动。基于国家的号召和各种政策支持，基于上佳现有的产品结构、面临的外部市场竞争情况和现金流的充裕度，为了继续扩大规模，丰富产品种类，上佳公司决定走多元化路线，发展农业生态循环，想要在农业生态循环和烤肠之间建立一种良性循环。上佳公司最初构建的农业生态循环，如图 1-1 所示。

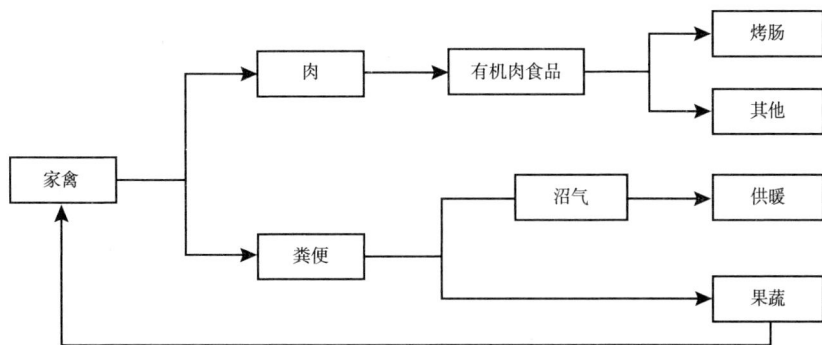

图 1-1　上佳公司农业生态循环

由上图可知，上佳公司搭建的农业生态循环基于猪肉为上佳公司的烤肠提供原材料，且猪等牲畜的粪便是果蔬的天然养料，果蔬下又可以养殖鹅、鸡等，从而生产单独的有机肉类产品。同时，农业生态循环中产生的垃圾、粪便等集中在一起，又可以制作沼气池。在上佳公司农业生态循环中，还考虑了为周围村庄安装沼气使用设备，沼气池供自己及周围住户使用。这样一来，该生态循环一方面可以降低烤肠的成本，提高上佳公司应对逐渐激烈的烤肠市场的竞争力；另一方面还能提供一些就业岗位，推动扶贫事业的发展。

2008 年开始，上佳公司累计投入 2000 多万元，建设果蔬园、猪场和养殖家禽等。在这期间，郑州上佳食品有限公司获得河南省农业厅颁发的"河南省无公害农场产地"光荣称号，被共青团中央评为"青年就业创业见习基地"，荣获"全国食用菌行业优秀龙头企业"称号等。

正在公司处于扩张期，对一切都充满希望时，烤肠市场竞争逐渐白热化，首先是产品同质化严重，其次是市场中某些厂商为了降低成本，采用"鸡骨泥"（一种对人体有害的工业化产品）作为烤肠的原材料，竞争价格战打响，对上佳烤肠这种"良币"着实不利。上佳公司不能摒弃"做家人都能放心吃的食品"的初心，又无法漠视"劣币"带来的竞争影响。在诸多因素的影响下，2008 年开始，郑州上佳食品有限公司的烤肠业绩出现了明显下滑。

屋漏偏逢连夜雨，向农业方面的战略扩张也没有想象中那么顺利。由于土地和厂房的前期资金投入过大、投资回收期过长，再加之在农业方面上佳并无经验，尽管上佳公司也尝试通过发展观赏性农业、更换作物等措施来挽回农业的损失，但都只是杯水车薪，上佳公司的农业生态循环基地一直处于亏损状态。资金的捉襟见肘，再加之市场竞争激烈，上佳公司的发展面临前所未有的压力与困难。

第二节　规范运营实现，转型摸索前行

> 烤肠创业带来的红利，激发一位青年的创业热情，红利市场带来的竞争压力，碰撞做良心产品的理念，矛盾下如何选择，对上佳公司而言，又一次面临选择。
>
> ——李战胜

（一）保持初心前行，寻求新的赛道

鱼与熊掌不可兼得，上佳公司更换赛道。2011 年起，在"做家人都能放心吃的食品"的原则与市场竞争带来的成本边界的矛盾下，上佳公司在烤肠市场做了许多新尝试。比如，中低端烤肠的赛道狭窄，那么进军高端烤肠市场呢？上佳公司进军高端烤肠市场的结果不尽如人意。2012 年，经过李战胜董事长深思熟虑，以及与公司管理层的商讨，上佳公司决定实施战略

转型，由主营烤肠，转型到生产千叶豆腐。

　　放弃企业经营了十多年的主营业务，转型生产一种截然不同的产品，这对当时的员工来说是不可思议的，也是不能理解的，遭到了很多股东和员工的质疑。面对员工质疑，面对烤肠市场的竞争压力，李战胜还是坚定地快速做出转型决策。2013 年，上佳公司开启了千叶豆腐新品类，首次向市场推出千叶豆腐串类产品，第一批次产品就来自鑫发公司。

　　到如今，上佳种下的"豆种"已经枝繁叶茂，"豆腐花"开满树，硕果累累。集团旗下拥有豆一绝、恋佳等多个知名品牌，创新研发经典中餐场景的千叶豆腐、木棉豆腐等产品，烧烤油炸场景的包浆豆腐串、脆皮豆腐等产品，火锅涮煮场景的迷你包浆豆腐、豆扣结等产品，大型团餐场景的千叶豆腐片、卤汁福袋等四大场景的 100 余款产品，形成了大豆蛋白、老浆豆腐、豆粉制品三大产品线布局。如表 1-1 所示，其中千叶豆腐类产量多年稳居行业第一，包浆豆腐、豆扣类产品在技术设备、产品创新等方面已经独具优势。上佳公司如今也已然成为豆制品行业标杆，回头望赛道转型是正确选择。

表 1-1　上佳公司豆制产品罗列

产品名称	烹饪方式	市场定位
脆皮酥	油炸	中高档酒店、餐饮店、快餐店
千叶豆腐（片）	干锅、铁板涮煮、凉拌	中高档酒店、餐饮店、火锅店、麻辣烫
典丰（迷你）包浆豆腐	油炸、铁板炒菜、烧烤	中高档酒店、餐饮店、烧烤店、快餐店
典丰木棉豆腐	干锅、煲汤煮炖、凉拌涮煮	中高档酒店、餐饮店、火锅店、麻辣烫
卤豆干	烧烤、油炸串串香	中高档酒店、餐饮店、火锅店、快餐店
豆扣结（串）	烧烤、油炸串串香	中高档酒店、餐饮店、火锅店、快餐店
鱼豆腐	烧烤、油炸	餐饮店、火锅店、快餐店

　　资料来源：上佳公司。

（二）重品质保质量，经营管理规范提升

> 人文素质水平能够说是一个国家经济、科技、教育和管理水平的综合反映。产品质量是一个企业经营、管理、人力资源、生产水平的综合反映。当今市场环境的特点之一是用户对产品质量的要求越来越高。很多用户此刻更看重的是产品质量，并且宁愿花更多的钱获得更好的产品质量。
>
> ——李战胜

通过更换赛道应对市场压力，通过保障产品品质提升企业竞争力。上佳公司在新的赛道上，谋求稳定生存和稳健发展的两条"捷径"分别是产品品质和规范生产。其一是重产品品质，这个与上佳公司的初心一致；其二是经营管理更加科学规范，这个为产品品质打下良好的基础。上佳公司经历了烤肠市场"劣币驱逐良币"的过程，但是仍然坚信并践行"产品质量是企业生命"。李战胜董事长说："随着社会物质富裕程度逐渐提升，提供同种产品的企业数量越来越多，企业间的竞争更倾向于质量竞争，其结果必定是质量好的企业淘汰质量低劣的企业。"

上佳公司将提高产品质量作为重要的经营战略和生产运作战略之一。上佳公司在保证和提高产品质量方面，严抓产品原材料品质和生产过程。首先，上佳公司从产品的输入端——原材料开始执行高标准把控。上佳公司秉承生产烤肠时的经营理念，严守原材料的质量关，非常重视对原材料供应商的选择，坚守产品输入端品质，这也是上佳公司经营这么多年产品质量没有被投诉的重要保障。为了保障产品原材料的品质，上佳公司在与原材料供应商的关系建立、维护等手段方面，也充分体现了价值共创的理念。

其次，上佳公司投入巨大财力、物力提升生产过程质量。上佳公司转移到新的赛道，在新赛道上着重投资自动化生产设备。上佳公司当时采用了定制化的生产机器设备，形成了多条自动化产品加工流水线。与此同时，上佳公司提高了产品生产卫生标准，从生产流程的起始段，员工进场衣物消毒卫生帽佩戴，到员工进入操作间的双手消毒清洗，再到员工加工产品时的手套佩戴，为保证产品的干净卫生做了充分工作。

最后，上佳公司建立健全产品质量保障体系，包括员工技能培训和各种规章制度。如果说一家公司的企业文化体现在点点滴滴的行为中，那么上佳公司的企业文化可以追寻到其建立健全产品质量保障体系。上佳公司出台了一系列规章制度，比如，现场工作的5S管理制度、产品原材料的检验制度、生产过程中的产品抽检制度等。在实行制度的过程中，上佳形成了制度与员工成长相协同的机制，这为上佳积累显性知识与隐性知识打下了基础，做了极好的铺垫。

（三）发展瓶颈来临，量变到质变之黑暗

> 做一件事，从0到1，是质变，很难，有了1开始积累，积累的初期，每个人都能看到明显的数量变化，积累到了一定阶段后，再次实现量变到质变，却变得艰难起来。
>
> ——李战胜

进军千叶豆腐市场的前期阶段，上佳公司敏锐地感知到市场机会，也快速地抓住了机会，千叶豆腐的销售额呈现良好的增长态势。从产品的视角看，上佳公司转到千叶豆腐市场，产品的数量和结构也不断丰富。最初上佳公司的产品主要是千叶豆腐，该产品刚投放市场时就取得了不错的市场反馈，在后续时间里，每年销售额都呈现显著性增长趋势，市场的积极反馈给上佳带来了信心，围绕千叶豆腐，结合市场需求的变化，上佳公司开发了一系列产品，为企业未来的战略发展奠定了良好的基础。

从市场布局的角度看，上佳公司的客户已经遍布全国，客户数量也实现井喷式增加。时间来到2014年，上佳公司的销售额一直在亿元大关徘徊，上佳公司的瓶颈期来了。上佳公司采取了一系列措施，比如精进生产流程，加强员工培训，开拓新的市场，下沉终端市场，开发新品，生产定制产品等，但依然没有获得突破。上佳公司采取了很多方法想要突破这个瓶颈阶段，从公司的最高管理层，到最基层的员工，都在苦苦思索如何破局。

第三节　顶天立地发展，特色经营管理

（一）从管理到经营，思考上佳经营哲学

人生的发展高度取决于一个人的人生哲学，企业发展的未来取决于一个企业的经营哲学。

——李战胜

从赛道转型，到产品精益求精，到优化内部流程管理，再到员工素养培训，上佳一路走来的努力赢得了良好的市场反馈，再次步入发展瓶颈，引发上佳公司又一次深思："导致瓶颈的原因是什么？为什么这个瓶颈期这么难突破？如何才能突破这个瓶颈？"带着问题，带着让上佳再次腾飞的想法，也带着个人的执着，上佳公司董事长李战胜又开始新的摸索。2015年，一个偶然的机会，李战胜董事长了解到稻盛和夫先生的阿米巴经营哲学。

企业经营中，往往会有不体面的事件或者丑闻发生。人员多了，其中难免会有思想错误的人、因一时冲动而使坏的人。为了不让这些人走向错误的道路，企业需要有规范，这就是哲学。在企业内确立这样的规范，成为人们的共识，就能防患于未然。

——稻盛和夫

稻盛和夫先生说，他开始对经营一窍不通，一直为"靠什么开展经营"

而苦恼不已。后来他感悟到，以"人心"为基础开展经营最为重要，人心变化无常，但是一旦人心连接起来的话，将是世上最坚不可摧的。历史上依靠人心成就伟大事业的例子不胜枚举，所以，在率领一个团队时，没有比依靠"人心"更有效的方法了。企业在经营中应该把哲学的规范、规则作为必须遵守的事项，当作日常经营的指针，当作经营判断的基准。企业经营哲学给企业发展带来的影响，引起了李战胜董事长的深度思考。

李战胜董事长首先思考的是经营与管理的区别。经营是选择做对的事情，管理是把事情做对。经营涉及市场、顾客、行业、环境、投资的问题，管理涉及制度、人才、激励的问题。企业如果做的事情本身是错的，那么不管管理做得如何好，其实都是没有意义的，企业要想谋求发展，应该在经营上多下功夫。经营哲学是企业管理的依据，是管理制度等管理手段的灵魂。很多企业在管理上不断追求变化，忽略了企业的经营，导致当管理水平高于经营水平时，出现企业亏损的结局。有了经营与管理之间的思考，上佳公司走上了突破发展瓶颈的道路。

李战胜董事长开始认真思考上佳公司的经营哲学。万事开头的第一步是模仿，上佳公司梳理自身的经营哲学，首先学习了稻盛和夫先生的经营哲学。稻盛和夫先生创办的京瓷的社训是"敬天爱人"，敬天即顺应自然规律，做合乎道理的事情；爱人即"利他"，为他人创造价值。经营理念是"在追求全体员工物质和精神幸福的同时，为社会繁荣、人类做出自己的贡献"。"追求全体员工物质和精神幸福"符合人的需求发展的自然规律，"为社会繁荣、人类做出自己的贡献"是利他，体现了为他人（社会）创造价值。李战胜董事长投入了大量的时间、精力，开始思考上佳公司的经营哲学是什么。

（二）价值服务理念，经营哲学引领管理

李战胜董事长带领上佳公司全体员工，经过思考、讨论，最终形成了上佳公司的经营理念，即"实现全体伙伴物质与精神两方面幸福的同时，促进行业与社会的进步和发展"，并且对该经营理念进行了详尽的阐释，如表1-2所示。

表1-2 上佳公司经营理念及阐释

经营理念	实现全体伙伴物质与精神两方面幸福的同时,促进行业与社会的进步和发展
全体伙伴	客户、员工、股东、供应商、债权人
物质幸福	稳定收入,居有定所、衣食无忧、老有所依、少有所养、病有所医,必要需求能得到及时满足
精神幸福	身体健康,有稳定的收入,不为基本的生活和工作而担忧
	拥有积极正向的思维方式,充满希望
	有自己的兴趣爱好和喜欢的生活方式
	团结合作、真诚关爱的组织文化氛围
	有和睦的家庭,有亲密的朋友,有喜欢的朋友圈
	个人价值能够得到组织认同
	享受工作,工作中不断成长进步带来自我成就感、满足感
企业如何促进行业与社会的进步和发展	提高经营管理标准,引领行业良性发展
	持续技术创新,推动行业技术进步
	提供安全健康的食品,为国民基本生活保驾护航
	带动上下游共同进步,促进食品产业发展
	提升企业利润,按章纳税,增加国家税收
	提供就业岗位,促进社会稳定
	创造客户,提高员工收入,促进经济发展
	加强员工培养,提高国民素质
我们该如何做才能更好地实践这一社会责任	唯有自己强大,才有能力促进行业与社会的进步和发展
	以客户为中心,打造积极向上的文化氛围
	清晰的战略规划和战略实现路径
	优化机制,持续变革,实现优质交付

资料来源:上佳公司。

从表1-2中可以看出,上佳公司的经营理念涵盖价值理念和服务理念。价值理念一方面体现为为外部客户创造价值,以及如何衡量价值;另一方面体现为对内部客户创造价值,以及如何创造价值。服务理念一方面体现为服务外部客户,从哪些维度服务外部客户;另一方面体现为服务内部客户,如何服务好内部客户。该经营理念也为上佳公司打造自身独特的经营体系做了极好的铺垫。

（三）从局部到整体，特色独立自主经营

从战略转型到引进经营哲学再到引进阿米巴经营哲学，这些举措的每一步，都有争议。但每一步都是基于李战胜董事长的思考，基于他对公司发展战略的理解，最后的事实证明，李战胜董事长的选择是对的。生产千叶豆腐虽然是从零开始的，但是经过不断的布局发展，最后上佳公司达到了行业第二的地位，经营哲学的思考不但帮助上佳培养了一群拥有经营管理能力的员工，也逐渐摸索和形成了属于上佳的经营体系——独立自主经营体系。

在经营哲学的指导下，上佳找到了经营体系的灵魂，换言之，经营哲学赋能下的经营体系为上佳公司突破瓶颈找到了出路。上佳公司最终确定了独立自主的经营体系，如图 1-2 所示。

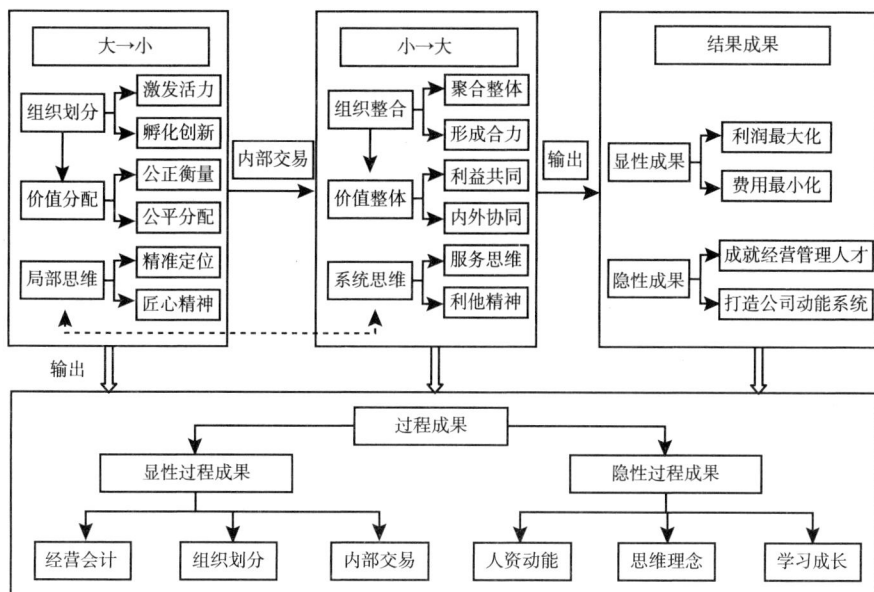

图 1-2　上佳公司独立自主经营体系

上佳公司的经营体系共包含四个部分，包括组织、价值、思维方式、内部交易及输出等方面，形成了大到小、小到大、显隐输出和显隐成果的独立自主经营体系。首先，大到小即把企业的组织划分为小单元，为独立自主经营做好载体铺垫，也为实现公平公正的价值分配打下良好的基础，该部分的公平公正，恰好体现了单元独立自主经营创造的价值，避免大锅饭平均主义。同时，也体现思维落地的理念，降低了工作中出现眼高手低的可能性。

其次，小到大是指让小单元通过内部交易链接实现整体性，其中包括组织的整合、基于价值链的价值整体和培养经营管理人才的系统思维方式。本部分极大地避免了"承包责任制"的局部思维效应，深入体现了上佳公司"全员共同富裕"的目标，通过"最好的"与"最合适的"的思辨过程，提升了上佳公司组织与员工的系统思维水平，系统思维水平的提升也提高了局部思维的高度。

最后，上佳公司的独立自主经营体系形成了一系列独有的、自身的输出成果，其包括两个部分，一部分是经营结果成果，另一部分是经营过程成果。经营结果成果又包含两个部分，其一是显性成果，即实现费用最小化和利润最大化的经营利润；其二是隐性成果，即成就经营管理人才和打造公司动能系统。经营过程成果也包括两个部分，其一是显性过程成果，包括组织划分、经营会计、内部交易等制度、流程、原则、方式、方法；其二是隐性过程成果，包括人资动能、学习成长、思维理念等。

第二章
上佳生存逻辑

——创价值+促成就

做正确的事，正确地做事

做好一件事的前提条件是"所做的事是正确的"。"所做的事是正确的"是做事的方向，有了正确的方向，才开始进入"正确地做事"这个执行阶段。做事的前提条件如果不存在，所做的事就会偏离方向，甚至越做离目标越远。企业生存发展的逻辑就体现了"做正确的事"这一理念，如果做事情的方向出现偏差，执行得越完美，所造成的损失就越大。如果做事情的方向没有出现偏差，在执行中即使出现一些失误，也不会是致命的。

上佳公司认为一个企业要做的"正确的事"包括两个方面，一方面是创造市场价值，另一方面是助推合作伙伴成就自己。这个"正确的事"的两个方面是相互支撑、互为因果的。上佳公司希望通过持续不断地创造价值来获得收益，与合作伙伴共同把蛋糕做大。对于助推合作伙伴成就自己，上佳公司强调，公司的合作伙伴可以分为外部合作伙伴（以下称为客户）、内部合作伙伴（以下称为员工），对于外部合作伙伴，"做正确的事"是要与客户"共创价值，贯穿内外经营"，对于内部合作伙伴，"做正确的事"是要"同员工同步发展，夯实软硬实力"。

第一节　与客户共创价值，贯穿内外经营

（一）打破竖式思维瓶颈，系统思维彰显整体

高质量的经营管理，其关键是思维模式。生物学中的生态系统是指一个能够自我完善，达到动态平衡的生物链，如一个池塘，该系统一般是封闭运作的，可以自我完善，并且能够动态平衡系统内物品集合。因此，系统思维就是对事情的全面思考，不只就事论事，是把想要达到的结果、实现该结果的过程、过程优化以及对未来的影响等一系列问题作为一个整体系统进行研究。系统思维强调系统的整体不等于其局部的简单相加。基于系统思维，上佳在定位自身和客户之间的关系时，强调"自己好不是真的好，大家好才是真的好，大家好了上佳一定好"！在系统思维引导下，上佳在与客户合作时逐渐形成了重长期轻短视、重关系轻交易、重共赢轻投机的理念。

在工业时代的竞争市场中，生产制造业的发展过程中，产品的价格往往是市场说了算，企业更多的时候是接受产品的市场价格，如图 2-1 所示。经营企业的思维方式更倾向于增收节支，企业的发力更多集中于如何节约企业的成本（经营成本）。而企业节约成本有两种路径，其一是完善企业的内部循环、优化流程等，其二是降低企业的采购成本。但是，降低采购成本就

意味着降低上游的收入。价值链系统内的所有企业为了生存和发展，采用的最好的战略只能是规模化成本战略，但是这往往会导致企业步入一个怪圈，规模与市场的独特性需求是相互矛盾的，同时企业也难以赚取需求决定的利润。

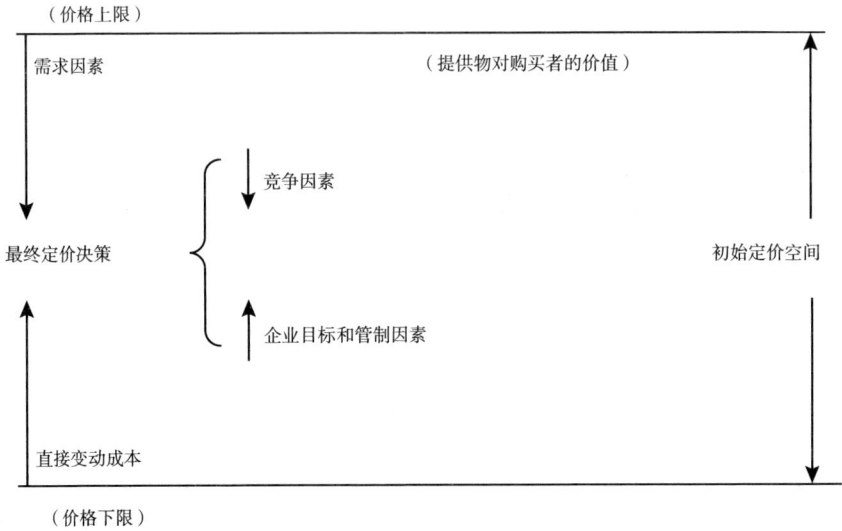

图 2-1　产品价格

资料来源：张亚佩主编《市场营销学教程》，河南大学出版社，2022。

上佳公司与上游的供应商和下游的经销商之间，非常强调"系统"。上佳认为，呈现在终端市场上的上佳产品，不是上佳公司独自生产完成的，而是由一个复杂的系统共同协作完成的，这个系统包括原材料供应商、设备生产商、各级经销商等。从系统的视角看，其不仅强调这个整体的完整性，更强调整体内部各个部分之间的结构性、立体性、动态性和综合性。上佳公司在做经营分析时，着重强调，一定要避免将系统各部分割裂开来，一方面避免破坏系统内部的链接，另一方面避免破坏系统本身，力求避免"竖井"式思维和组织"近视"。

上佳公司坚持把自己和合作伙伴作为一个整体来考虑。在制定经营决策时，始终把上佳置身于这个整体中加以考察和把握。李战胜董事长说："必须把整体作为经营决策的出发点和归宿，上佳仅仅是这个整体的一个组成因素。"依赖于对整体情况的充分理解和把握，上佳制定公司的经营目标，满足实现经营目标的条件，也是在整体目标的统筹下，分析系统各要素及其相互关系而形成的；能够创造满足这些条件可供选择的方案，最后选择最优方案，也是在整体分析的基础上重新综合论证的结果。

在搭建系统各过程中，上佳公司重视系统各要素和要素的结构性。要素是功能的基础，而结构是从要素到功能必经的中间环节，结构是系统功能的内部表征，功能是系统结构的外部表现。在相同的要素情况下，结构对功能起着决定性作用。系统要素在数量上不齐全和在质量上有缺陷，在一定条件下可以通过系统结构的优化得到弥补，而不影响系统的功能。在具体实践活动中，上佳公司紧紧抓住系统结构这一中间环节，认识和把握具体实践活动中各种系统的要素和功能的关系，努力创造条件优化结构，实现系统最佳功能。

1. 重长期轻短视的价值观确保打破竖式思维

上佳公司确立重长期轻短视的价值观确保打破竖式思维。清朝名臣张之洞在修建卢汉铁路时，提出"储铁宜急，勘路宜缓，开工宜迟，竣工宜速"。也就是说，打基础的事情应该着急，把自己的核心能力储备起来，做决策时则应该想得透彻和长远。《价值》的作者张磊说："凡盛衰，在格局。格局大，则虽远亦至；格局小，则虽近亦阻。"上佳公司在规范化运营起始阶段，就把自己定位为高质量的合作伙伴、能够建立高质量的合作关系的公司，并将此作为合作关系的基础工作。

首先，上佳公司选择聚合三观一致的合作伙伴实现长期目标。与谁同行，要比去的远方更重要。人聚合在一起，会产生巨大的化学反应，且该化学反应很重要。化学反应如何发生，到目前为止没有标准或统一的答案，这个确实客观存在又无法客观测量的事物一直让研究者兴奋又烧脑。在上佳公司看来，在东方文化滋养背景下，和客户开展高质量合作，应该是具有长期主义理念的价值观。

其次，上佳公司强调坚持创业初心，实现系统内伙伴长期共存。坚持初心就要关注自身使命和责任，在短期利润和长期价值之间，做出符合企业价值观的选择。在公司成长的过程中，李战胜董事长在遇到节点或做出选择时，常问自己"做事情是为了短期利润目标，还是从创业的初心出发，健康美食"。初心有多大，创业蓝图就有多大，上佳公司从创业之初，从坚定做品质产品"高质量的烤肠"到现在"贴近时代，创造美食"，历经几次转型调整，初心不改。

最后，上佳公司重视保持持续进化，保障系统长期稳定发展。所有企业当前的优势都是会被颠覆的，产品技术创新也都是有周期的。作为经营者每天都要考虑："企业的核心竞争力是什么，每天所做的工作是在增强核心竞争力，还是在消耗核心竞争力。"把企业资源配置到持续创新的布局中，让资产价值和商业模式不断更新迭代。上佳公司非常重视产品研发、设备更新、管理现代化方面的投入，比如，每次转型过程都绝对"扎实"，上佳公司在转型到千叶豆腐赛道上时，绝对是大手笔投入，实现了最先进的现代化加工流程。

2. 重关系轻交易的经营理念保证系统节点韧性

上佳公司重关系轻交易的经营理念保证系统节点韧性。如果拿打比赛举例子，所有企业在发展的过程中，都期待没有终局的比赛。若想实现该目标，就要求企业在打"预选赛"的时候，既要想到阶段性的"总决赛"，又要想到更长远的未来，按照"永远争夺冠军"的决心排兵布阵，步步为营。"终局"游戏的思维意味着把战略着眼点放在"后面"，思考商业模式的无限终局，超前地创造服务或产品的范式。没有终局的比赛，来自良好的系统发展，系统的发展需要系统内部各个节点之间的韧性作为保障。

首先，上佳公司以关系营销经营理念与客户形成关系。基于关系营销理论，价值是系统内相关方在保持关系的过程中创造出来的。上佳公司认为，价值很大程度上是在供应商和服务提供商保持互动关系的过程中创造出来的，比如市场机会的发现、团队战斗力的打造等。李战胜董事长强调："上佳公司一直处在上佳和利益相关方双方的视角，看重的是与利益相关者建立长期合作关系，以关系营销网络为核心。在这个网络中，企业的市场营销目标不是追求每次交易的利润最大化，而是追求网络成员利益的最大化，最后形成网络成员共同发展的局面。"

其次，上佳公司从财务关系到结构化关系保障系统节点韧性。上佳公司采用财务关系、定制化关系和结构化关系三种关系层次，这三种关系层次呈现结构化特征，每个后续层次的策略都会进一步拉近渠道商与企业的紧密关系。财务关系是通过价格利益建立联系，这种通过财务刺激建立的联系，关系强度非常脆弱，因而关系长度可能是较短的。不过，该策略因为启动并不困难，一方面可以与新的合作伙伴建立初步关系，另一方面又可以带来短期利润。所以，在拓展新市场的时候，上佳采用财务关系层次。

最后，上佳公司较早地实现了定制化关系。定制化关系是指依据客户的需求定制产品，向客户提供个性化的产品或解决方案，定制化关系有助于凸显"一对一"的效果。上佳公司目前合作的经销商有将近1000家，其中定制大客户有喜姐、夸父、锅圈食汇、李先生等连锁企业，定制代加工客户有三全、千味央厨等。保障定制实现的供应商客户有山东嘉华油脂、山东禹王生态食业等。

通过定制化关系，对于目标客户而言，获得的不再是一个大众化的产品，而是一个满足独特性需求的产品，这样客户和企业之间的关系强度就会大大增强，也有助于延伸关系长度。很多结构化关系是通过为对方提供定制化的、以技术为基础并且使客户具有更强生产能力的服务而形成的。定制化关系的双方，就像是两个咬合转动的齿轮，任何一方的行动轨迹都受到对方的制约和影响，反之亦然。结构化关系，就是关系双方是你中有我、我中有你。

（二）价值创造串起链条，共赢思维促进发展

《价值》的作者张磊指出："真正的投资，有且只有一条标准，那就是是否在创造真正的价值，这个价值是否有益于社会的整体繁荣。坚持这个标

准，时间和社会一定会给予奖励，而且往往是持续、巨大的奖励。"价值一直是一个难以解释，也难以理解的概念，从不同的角度，价值有不同的定义。从交易经营理念的视角看，价值来自企业所提供的产品，从关系经营理念的视角看，价值来自企业和相关方的共同创造。

李战胜董事长说："企业在激烈的市场中谋求发展，企业的生命力之源，就是能够很好地满足消费者的需求。上佳搭建自己和市场之间的联结关系，基于一个外部市场价值链+企业内部价值链模式。"具体如图2-2所示。

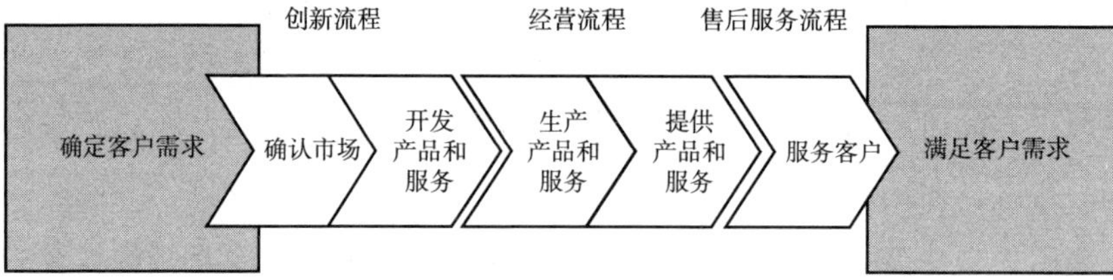

图2-2　内部业务流程层面——通用价值链模式

在该价值链模式中，价值链的两端是上佳公司的客户，中间是上佳公司。上佳公司的经营体系开端来自客户需求，经营体系的末端是客户需求得到满足。基于客户需求，结束于客户需求得到满足的上佳经营体系，即上佳的企业内部价值链。

1. 外部市场价值链实现市场需求驱动价值创造

上佳企业内部价值链的第一个阶段，创新过程包括两个部分：市场分析和产品开发。首先，上佳公司的新产品开发，来自市场调研，基于市场，确定市场规模、客户偏好以及目标产品或服务的价格定位。该过程离不开上佳客户的支持，上佳公司从客户那里获得关于市场规模和客户偏好的准确且有效的信息。

——李战胜

上佳公司看重外部市场价值链实现市场需求驱动价值创造。从经济学的角度看，效用是指消费者拥有或消费商品或服务对欲望的满足程度。一种商品或服务的效用取决于消费者的主观心理评价，由消费者的欲望强度所决定。经济学家用它来解释有理性的消费者如何把有限的资源分配在能给他们带来最大满足的商品上。从认识论角度来说，价值属于关系范畴，是指客体能够满足主体需要的效益关系，是表示客体的属性和功能与主体需要间的一种效用、效益或效应关系。所以，价值的前提是需求能够得到满足。

李战胜董事长说："上佳公司的企业内部价值链包括三个独立的部分，即创新部分、加工生产部分和售后服务部分。在创新部分，上佳公司对市场目前的需求和潜在的需要进行调研，然后开发出满足这些需求的产品和服务。"李战胜董事长所说的市场调研不仅包括终端消费市场，还包括上游的供应商和下游的经销商，上佳公司一直认为上下游的合作伙伴是上佳这个组织的有形的外延组织。

上佳公司非常重视供应商和经销商的反馈。究其原因有二，其一是依据营销调研信息系统，上游的供应商和下游的经销商将会提供最直接的市场情况一手数据，如图2-3所示。

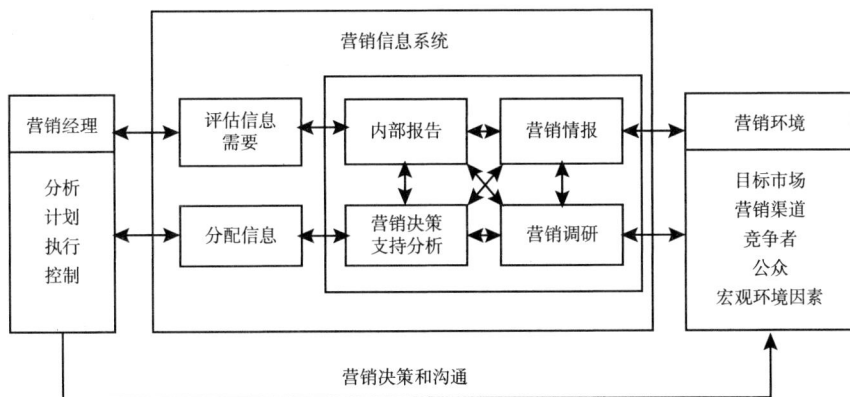

图2-3　营销调研信息系统

资料来源：吴涛主编《市场营销管理》，中国发展出版社，2005。

其二，依据迈克尔·波特于20世纪80年代初提出的五力模型，行业中决定竞争规模和程度的五种角色分别为同行业内现有竞争者、潜在竞争者、替代品、供应商与购买者。所以，上佳公司认为，供应商和渠道商是行业的供应商和渠道商，不是单独一家公司的供应商和渠道商，供应商和渠道商的反馈一方面体现了行业的市场变动和发展趋势，另一方面也是行业创新表现的温度计。

上佳公司在处理和供应商及渠道商的关系时，并未参照传统的企业做法。传统企业通常会认为和上游供应商与下游渠道商之间只有商品买卖行为，体现的是增收节支的博弈关系，任何一方增收都会导致另一方的利润下降，任何一方增收都会导致另一方的成本增加。这种非双赢的关系是上佳公司一直面临的问题，李战胜董事长说："企业的发展，应该是从外求，从创造价值的角度，从市场中获得认同，上佳和合作伙伴应该在价值创造上是一体的。"

基于此，上佳公司一直强调，不要从原材料上省钱，不要降低经销商的利润，而一定要从自身角度出发，从市场需求的变化趋势出发，研发生产出适合市场需求的产品，从而让价值链上的供应商和经销商都能够实现发展。和上佳合作的供应商，比如山东嘉华油脂、山东禹王生态食业等，甚至参与到上佳的新品研发中，上佳第二次转型的千叶豆腐赛道就离不开供应商的强力支持。

2. 企业内部价值链转化市场需求打牢共赢基础

经营环节从接到客户订单，到递交产品或服务给客户，是企业创造价值的短波。该环节对于客户而言，强调高效、一致和及时提供产品或服务，对于企业而言，强调系统化、标准化、规范化的产品生产和制造。尤其是对于制造业而言，经营具有一定的重复性，所以，更应该在接受客户订单、供应商采买、生产和交货等环节采用科学管理技术进行控制和改进。

——李战胜

上佳公司强化企业内部价值链，转化市场需求打牢共赢基础。依据 SWOT 分析，企业经营成功的充分条件包括两个方面，一方面是把握住发展的机遇，发展机遇来自对外部环境的分析；另一方面，还要能够看透外部环境存在的威胁。企业经营成功的必要条件也包括两个方面，其一是强化企业的优势，其二是规避企业的劣势。经营成功最终取决于必要条件和充分条件是否能够很好地融合，即企业能否使优势与外部机会很好地契合。

企业的优势与劣势取决于企业的内部资源，比如人力资源、财务资源、生产资源、研发资源、营销资源等。拿拼积木举例，最终成形的模型既依靠积木的数量，又依赖于积木搭建的方式。如果说企业的生产力是最终的成形积木，那么，这些资源就是构成企业生产力的积木模块，每一块积木都很重要，同时每一块积木之间如何排列组合也非常重要。

上佳公司在对企业资源的安排上，依然参照了迈克尔·波特提出的"价值链分析法"（Value Chain Model）。依据波特价值链模型，企业的价值链包括基本活动和辅助活动，如图 2-4 所示。价值链的作用一方面是对企业的生产经营活动进行归类梳理，另一方面是对企业活动模块之间的关系进行界定。

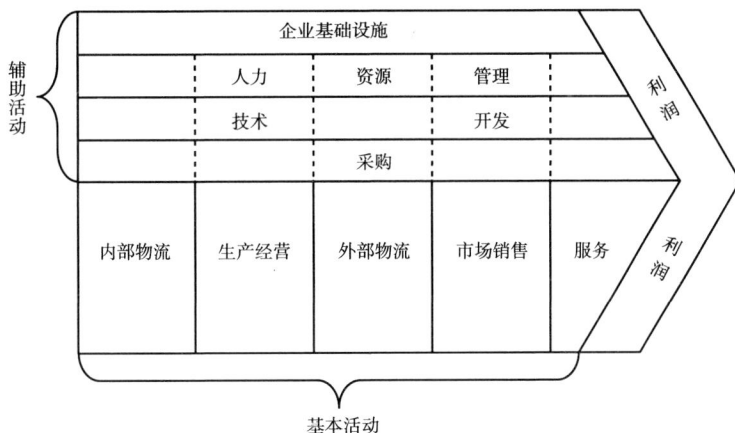

图 2-4 波特价值链模型

资料来源：〔美〕迈克尔·波特，《国家竞争优势》，李明轩、邱如美译，中信出版社，2012。

上佳公司依据自己的实际情况，根据上佳的价值创造流程，把采购、生产、销售、后勤（进料后勤、发货后勤）、售后服务归为直接价值活动，把人力、财务、计划、技术与研究开发归为支持性价值活动（见图2-5）。

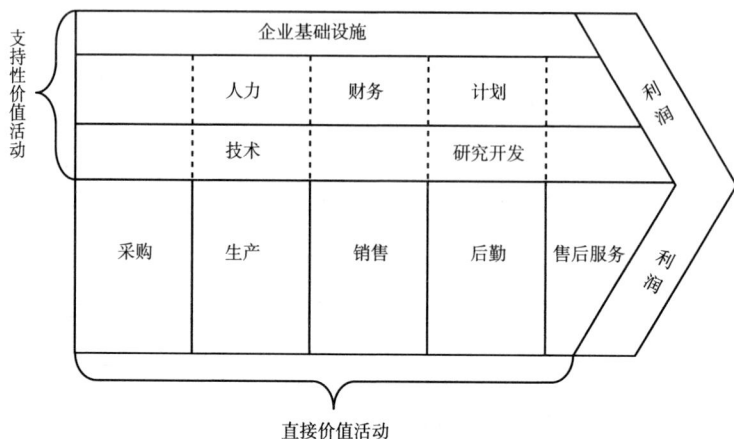

图 2-5　上佳企业内部价值链模型

资料来源：本研究整理。

上佳企业内部价值链表面上看和所有企业的价值链没有区别，而最大的玄机在于模块与模块之间如何相互配合。上佳公司从原材料采购到产品生产，再到营销售卖，借鉴了日本稻盛和夫先生创造的阿米巴经营体系。阿米巴经营体系强调把外部市场的竞争压力转移到内部企业经营中，通过阿米巴经营体系把公司外部的合作方，包括供应商和经销商与企业内部的经营全面联结起来，从市场需求，到生产运营，再到营销售卖，实现了系统上的整体性，为共赢搭建了实践模式。

（三）我为他人最终为己，利他思维引领前进

豫商代表康百万有一块"留余匾"，云"留有余，不尽之巧以还造化；留有余，不尽之禄以还朝廷；留有余，不尽之财以还百姓；留有余，不尽之福以还子孙"。释义为留有余地，不把技巧使尽以还给造物主；留有余地，不把俸禄得尽以还给朝廷；留有余地，不把利益占尽以还给老百姓；留有余

地，不把福分享尽以留给后代子孙。明朝隐士高景逸说过："遇事让人一步，自然有周转的余地；遇到财物放宽一分，自然就有其中的乐趣。"

依据现代汉语词典，利他是指为了使别人获得方便与利益，尊重他人利益的行为，是出于自觉自愿的一种利他精神的有益于社会的行为。相对于利己只考虑自己的利益，利他强调一方面满足了自己的需要，另一方面又帮助了别人；在某些极端情况下，人们可能会不惜放弃自己的需要来满足别人的愿望。

1. 中国传统文化助推利他思维落地

上佳利用中国传统文化，助推利他思维落地。文化是人们以往共同生活经验的积累，是人们通过比较和选择认为合理并被普遍接受的东西。某种文化的形成和确立，就意味着某种价值观和行为规范的被认可和被遵从，这也意味着某种秩序的形成。社会群体中不同的成员都是独特的行动者，通过共享文化，行动者可以判断自己的何种行为在对方看来是适宜的、可以带来积极回应的，并倾向于选择有效的行动。所以，共享文化是有效沟通、消除隔阂、促成合作的中介，一方面可以为人们的行动提供方向和可供选择的方式，另一方面能够协调群体成员的行动，且只要这种文化发挥作用，那么由这种文化所确立的秩序就会被维持下去。

企业文化，或称组织文化是一个组织由其价值观、信念、仪式、符号、处事方式等组成的特有的文化形象。企业文化就是一个组织的共识文化。企业文化能激发员工的使命感，能凝聚员工的归属感，能增强员工的责任感，能赋予员工荣誉感，能实现员工的成就感。而企业文化源自优秀的民族文化精华，源自于企业的文化传统，源自于企业实践和研究成果。企业文化是企业在经营活动中形成的经营理念、经营目的、经营方针、价值观念、经营行为、社会责任、经营形象等的总和，是企业在生产经营和管理活动中所创造的具有该企业特色的精神财富和物质形态。企业文化是企业个性化的根本体现，是企业生存、竞争和发展的灵魂。

上佳公司的企业文化主要包括企业使命、企业愿景、经营理念和价值观。上佳公司的企业使命是"贴近时代，创造美食，引领中国素食产业发展"；企业愿景包括员工幸福指数位居行业第一等；经营理念强调实现全体伙伴物质和精神两方面幸福的同时，为行业与社会的进步和发展做出贡献；价值观是真诚、关爱、责任和卓越，如图 2-6 所示。

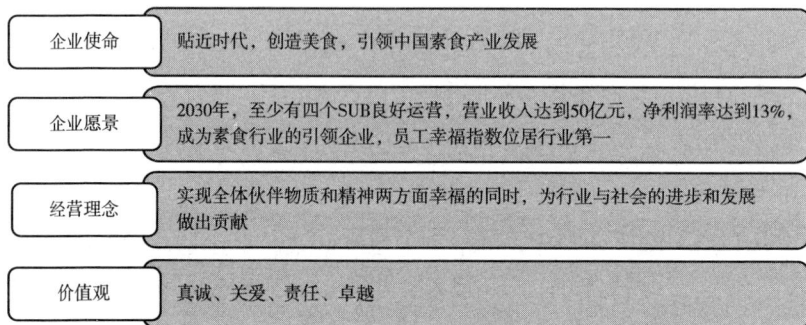

图 2-6　上佳公司企业文化

资料来源：上佳公司。

基于上佳经营理念，上佳公司确立了经营十原则，如图 2-7 所示。

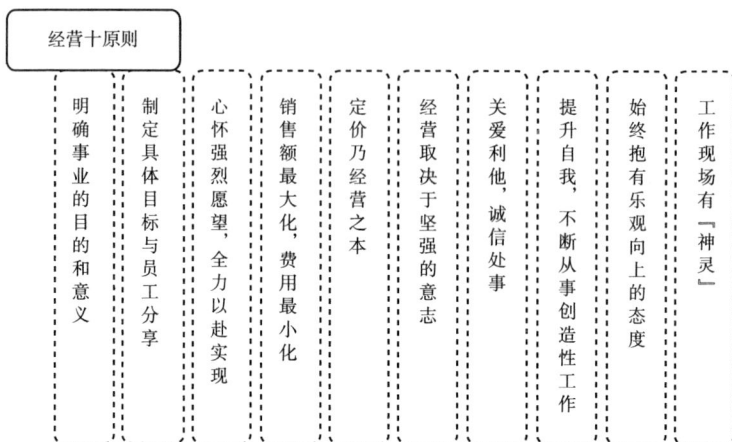

图 2-7　上佳公司经营十原则

资料来源：上佳公司。

在上佳公司的企业文化和经营十原则中，都可以探寻到中国文化——"舍得"的踪迹，比如上佳企业文化中"实现全体伙伴物质和精神两方面幸福的同时，为行业与社会的进步和发展做出贡献"之"为行业与社会的进步和发展做出贡献"，经营原则"制定具体目标与员工分享"中的"分享"、"关爱利他，诚信处事"之"关爱"和"利他"、"提升自我，不断从事创造性工作"之"提升自我"。

中国企业、中原企业、中原民营企业，无不带有东方文化的烙印，企业的发展必须扎根于东方文化，企业文化的塑造、企业制度的确立、团队凝聚力的打造、企业经营体系的搭建只有契合中国文化才能落地生根。上佳公司正是基于此，形成了利他思维，也落地了利他思维。

2. 上佳经营哲学为"共创共赢"保驾护航

上佳经营哲学为"共创共赢"保驾护航。经营哲学是一家企业特有的从事生产经营和管理活动的方法论原则，是指导企业管理的基础，是企业的思想标尺，是保持员工凝聚力和向心力的关键，也是员工的行为准则。换言之，在企业经营过程中，经营哲学是企业的软实力，如果运用得当就能转化为生产力。比如，一家企业在激烈的市场竞争环境中面临各种矛盾和多种选择，企业经营哲学就成为一个科学的方法论、一套逻辑思维的程序。日本稻盛和夫先生的经营哲学"作为人，何为正确"成为京瓷阿米巴经营体系的根基。

社会协作一般遵从三种法则：自然法则强调"物竞天择，适者生存"，比谁更有力量、更凶狠，强调个人英雄主义。族群法则强调"群体"，即一群人实现一个目标，实现目标的路径是规矩、制度，群体内的人通过遵守规矩和利用规矩实现群体目标。普遍法则强调"有效性"，双方不是挑战立场或信仰，而是强调彼此的共同点，通过协作或合作共同实现目标。

上佳公司生存发展强调的"共创共赢"也符合企业经营哲学的发展历程。随着生产力的发展，企业经营哲学经历了生产观念、产品观念、推销观念、市场营销观念、社会营销观念五个阶段。以推销观念为分界线，生产观念和产品观念处于卖方市场阶段，市场营销观念和社会营销观念处于买方市场阶段，如图2-8所示。

在卖方市场阶段，市场供给小于市场需求，企业生产的产品不愁卖，企

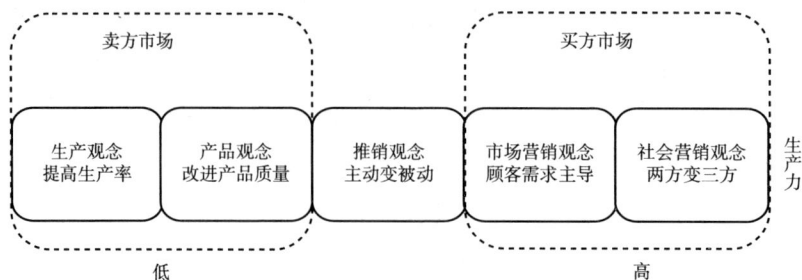

图 2-8　经营哲学

资料来源：〔美〕菲利普·科特勒等，《市场营销导论》，俞利军译，华夏出版社，2001。

业经营过程中都未考虑市场需求。比如，在生产率极低时企业只需要关注如何提高生产率、提高产品产量，所以企业奉行生产观念，著名的"科学管理"诞生于这个阶段。随着科技发展、生产力提高，产品品质得到提升，企业的市场竞争逐渐显现，企业为了在竞争中取胜，开始从关注生产数量转向关注产品质量，步入产品观念阶段，过于关注产品质量，会带来"营销近视"。

随着生产力的进一步发展，产品数量和产品质量都有了大幅度的提升，步入推销观念阶段，企业从被动等待消费者来买，转向主动向消费者推销产品。在该阶段企业之间的竞争压力逐渐增加，企业逐渐意识到在竞争中取胜的法宝是如何比竞争者更好地满足市场的需求，自此开始转向买方市场阶段，即企业从关注自己转向关注市场。

在买方市场阶段，企业发展经历了市场营销观念和社会营销观念两个层面。在市场营销观念下，企业关注市场需求，由市场需求倒推企业应该生产什么，如何合理安排企业资源，市场需求占主导地位，企业制胜的法宝是敏锐把握市场需求。这个阶段，企业经营的研究关注企业生产和市场两个方面。

在社会营销观念下，企业经营强调要关注企业、社会和市场之间的关系，企业发展不能脱离社会福利和市场需求的满足，而社会福利就包括价值链条上的供应商和经销商，市场需求就包括消费者，所以"共创"+"共赢"来自经营发展的客观规律，也是企业经营的必由之路，如图2-9所示。

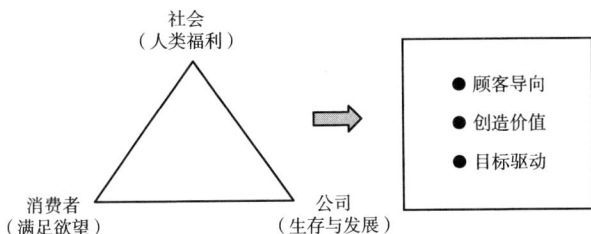

图 2-9　社会营销观念

资料来源：张亚佩主编《市场营销学教程》，河南大学出版社，2022。

上佳公司认为一家企业想要发展，就要学会和优质客户合作，但是不能让客户推着公司走，要化被动为主动，积极地为客户提供优质的产品和服务，真正贯彻"无限距离，贴心传递"的服务理念。公司通过产品和服务向客户提供价值，而客户则通过长期的利润为公司创造价值。由此可以得出结论，上佳公司的经营哲学中处处体现了利他思维。

第二节　同员工同步发展，夯实软硬实力

　　企业服务内部员工的目的是服务好外部客户，以岗位职责、划分责任为准则要求员工，客户是对外，员工是对内，以为顾客创造价值和促进员工成长为企业核心理念和价值追求。员工与公司之间的关系，是一种相互促进、互惠共赢的合作关系。

——李战胜

生产力三要素人、财、物，如果说财务现金流是企业发展的血液，那么人作为企业组织的躯干是三要素中最活跃的因素。越来越多的企业都认同员工是企业成功的关键，并不遗余力地改进和实施更有效的人才政策，员工的素质和活力则成为企业发展的动力之一。在知识经济时代，人力资本被放在了空前重要的位置，人力资本又是企业发展中最重要的资本，企业创造价值的效果，取决于企业人力资本和物质资源的有机结合，员工是企业人力资本

的重要载体。

上佳公司认为，随着科技的发展和社会的进步，人才是企业竞争力的重要衡量维度，对任何一家企业来说，如何吸引且留住优良员工、增强员工生产力、提高员工对企业的忠诚度、提升工作士气、提升公司绩效、降低旷工和缺席率都是非常重要的课题。上佳公司通过软实力和硬实力两个维度，打造培养经营管理人才。软实力维度是基于公司战略层面的培养，始终把对公司长远发展有益的工作技能作为重点培养内容，帮助员工形成好的思维模式和做事习惯。硬实力维度是基于团队执行层面的培养，在解决实际问题中磨炼各种能力。

（一）强化内部营销理念，塑造积极员工关系

按照弗雷德里克·赫茨伯格的双因素理论，创建和维护积极的员工关系至关重要。积极正向的员工关系可以使员工的聪明才智得到充分发挥，更大限度地满足"自我实现"的需要，以及实现稳定和谐的关系，可以减少冲突，提高员工的敬业度和整体素质，可以有效预防和化解人员管理危机，更利于留住优秀员工。积极正向的员工关系核心体现在"员工关系应该是一种合作关系"，即雇主与员工、主管与员工以及员工与员工之间是合作关系，强调和谐与合作，从单赢走向多赢。

实现合作关系的充分条件，是劳资双方之间合作、和谐的关系，实现合作关系的必要条件，是这种关系由企业管理层积极主动地努力构建起来，需要企业管理人员通过辛勤劳动不断培育和呵护。上佳公司与员工建立合作关系的途径，主要是从夯实员工个人的硬实力，即岗位实操技能，以及强化员工个人的软实力，即精神需求两个方面着手，而内部营销理念为员工软硬实力的提升提供环境氛围。

1. 由外及内的客户定位树立服务理念

一切工作都要以客户为中心的理念，对于外部客户，不论是企业已经拥有的 B 端客户，还是企业未来要拓展的 C 端客户，企业的产品研发、渠道打造、营销传播都一定要有客户思维、客户消费产品的场景思

维等。对于企业内部客户，每个岗位、每个组织都要从内部客户和外部客户的角度去思考，公司的流程安排、制度设计都来自客户需求。

——李战胜

依据服务营销三角模型（见图 2-10），要想实现企业、顾客、员工三者共赢，就要做好外部营销、内部营销和互动营销。外部营销是企业在服务开始之前针对顾客的各种沟通和努力，即向顾客做出的各种承诺。互动营销是指员工兑现服务承诺的过程，除非服务承诺得以实现，否则任何外部营销和内部营销都毫无用处。内部营销旨在使员工有能力向顾客提供所承诺的服务，除非员工愿意并且有能力提供所承诺的服务，否则企业不可能实现其承诺。

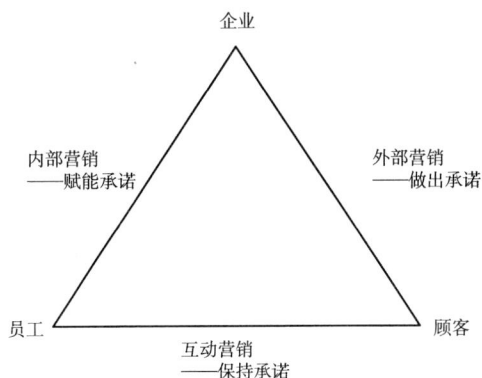

图 2-10　服务营销三角模型

资料来源：马勇主编《服务营销管理》，河南大学出版社，2022。

内部营销是外部营销成功的前提，内部营销是把市场营销的观念用于员工管理，企业要把自己的员工视作顾客，把工作岗位视作满足内部顾客需要的产品，在市场营销中一切用于促使顾客满意的技术和手段，同样可用于内部顾客即员工。实现内部营销，首先要遵循员工为第一位的信条，其次要培训员工掌握兑现承诺的技能。这个观念与上佳公司认同的合作的员工关系是一致的。基于此，上佳公司确立了建立合作关系的员工关系理念——视全体员工为上佳的内部客户，不同部门之间的价值链管理采用内部客户关系管理理念。

客户关系管理是一种旨在改善企业与客户关系的新型管理机制，通过客户关系管理，企业可以强化客户关系、赢得客户、留住客户和让客户满意，进而创造价值，最终提高利润增长的上限和底线。客户关系管理本质上是一种"以客户为中心"的企业经营模式，其真正发挥应有的功效，就是把"以客户为中心"的理念贯彻到企业的业务流程中，提高用户满意度。

上佳公司把对外的客户关系管理移植到企业的内部经营管理中，根据企业价值链，公司内部每个部门选择确定自己的服务客户，分析客户需求，缩小客户期望和客户感知之间的差距，提升公司内部客户的满意度。比如，上佳公司生产部门的客户是公司的销售部门，生产产品的品类、数量、时间都依据销售部门的预测需求。

同时，上佳公司要求，提供服务或产品的部门，必须把客户关怀贯穿于客户关系管理全过程中。上佳公司强调的客户关怀包括如下方面：咨询信息服务，比如向客户提供产品信息和服务建议等；保障产品质量，比如应符合有关标准、适合客户使用、保证安全可靠等；提高服务质量，比如重视与客户部门接触过程中的客户体验等；提供售后服务，比如售后的查询和投诉以及维护和修理等，如图2-11所示。

经营体系的灵魂是企业的经营理念，经营理念的落地需要经营体系来实现。上佳公司在多年的经营管理过程中，逐渐摸索出适合上佳公司的内部"客户关系管理"的一套经营体系，借鉴价值链建立企业的组织结构，形成部门及岗位职责，奠定客户关系管理的基础；借鉴阿米巴经营体系细化组织，在组织之间促进内部市场化，保障客户关系管理的实现。

2. "上佳内部客户链"实现全员同欲

摒弃传统客户理念，把组织内部人员也列入产品客户范围，即在企业内部的各部门、职级、职能、工序和流程之间同样存在一种提供产品

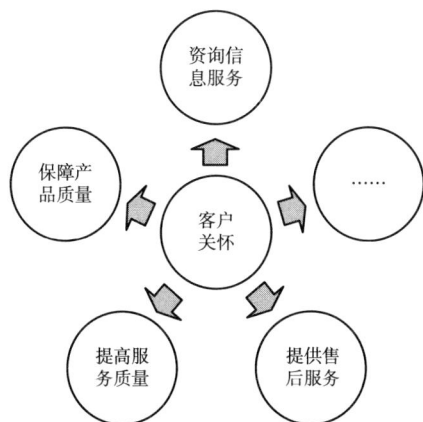

图 2-11　客户关怀内容

资料来源：本研究整理。

和服务的关系，上佳建立了"内部客户链"。在上佳，内部客户链的客户可能是一个员工、一个岗位、一个部门，甚至可能是一个产品、一个流程。

——张丽君　上佳公司经营管理部部长

上佳的内部客户分为四类，职级客户、职能客户、工序客户和流程客户。职级客户是根据上佳公司内部的职务和权力演变而来的客户，依据组织架构图，公司不同层级之间就是一种职级客户关系。职能客户是职能部门之间或人员岗位之间存在的相互提供服务的关系，在上佳公司，人力资源部、研发部、财务部等之间的关系就是职能客户。工序客户是在工作或作业中存在产品加工或服务的提供与被提供关系，在上佳公司，该客户主要存在于生产部门内部、生产产品的各道工序之间。流程客户是指在企业内部、业务流程之间，存在提供与接受产品或服务的关系，在上佳公司，从价值创造流程的角度看，采购部门、生产部门、营销部门之间就是流程客户。从不同角度、不同视角，上佳公司逐渐形成了"大家好才是真的好"的服务文化，所有员工都认同，内部客户是相互的，彼此互为客户，也互为供方。

服务是相互的，所以内部客户也是相互的。在上佳公司，依据不同层级之间的服务关系，又分为条件客户和任务客户两种类型，条件客户是站在上级的角度，下级是上级的客户，上级为了使下级完成任务或企业的使命，必须努力为部门成员创造机会、提供保障条件和服务与支持。任务客户恰好与条件客户相反，是站在下级的角度，上级是下级的客户，下级要努力实现工作任务，让上级满意，即上级创造完成任务的条件，下级努力执行任务，实现目标。在不同类型的客户中，双方在不同的职能或工序中，其客户位置可能互换。

在上佳公司，所有工作的落脚点是所有工作都应具有满足客户需求的价值，每个员工都要找到自己的客户，如果没有找到客户，岗位就没有存在的必要。通过"客户链、价值链"来评价所有部门、岗位和员工的工作绩效，按照这一原则，从公司业务的源头到公司的最终客户，形成一条"内部客户链"，每一个部门、每一个员工，都必须在这个链条上找到自己的位置。在这个链条上，每一个环节都是上一个环节的直接用户，每个环节的工作都是为了使自己的直接客户满意，公司所有工作都应该是这一客户链上传递的产品和服务，按照最终客户的期望不断增值，并将价值传递给最终客户，从而确保公司的最终客户满意。

上佳"内部客户链"的本质就是将部门与部门、员工与员工之间的合作关系定义为一种内部的利益共同体。利益共同体意味着责任共担、利益共享，这就要求每个部门和员工要有跨部门合作的系统思维。譬如，质检部门不能只对自己负责，公司要求质检部门从前期开发时就介入，从原材料的采购阶段就介入，一直到技术开发、制造和销售的整个流程，同时也要分析售后服务、市场反馈，将质量管理渗透到公司的各个环节。同样，财务部门将成本管理延伸到产品采购中，公开各个部门的经营成本、经营收益等信息，让每个部门了解各部门成本、各部门贡献的价值，倡导在企业内部人人都是经营者的理念。

通过"外部客户创价值"和"内部客户强服务"的客户理念，上佳公司形成了强大而有生命力的"上佳心智模式"。该心智模式，促使上佳每一个部门和员工在工作中，首先要思考的问题是"谁是我的客户？我为谁创造价值？客户需要从我这个流程获得什么？如何让他满意？"在实际工作中，该心智模式强调"客户至上"的服务理念，促使公司跳出上下级垂直管理的传统思维，形成跨部门的系统思考，形成内省式的反思对话，主动改善自身的流程质量，让小部门、大团队的合作可以黏合得更加紧密。该心智模式，最大化地释放员工的主观能动性，强调团队如何卓有成效地工作、解决问题、记录和改进流程以及如何实现自我管理。

以"客户满意"为最高价值导向，以"服务"为链接方式，一线员工为客户服务，中层管理者为一线员工服务，最高层管理制度为中层管理者服务。内部客户满意，就会更好地为外部客户服务。

（二）提升岗位实操能力，助员工硬实力提升

　　　　员工的素质与活力成为企业发展的重要动力。企业的发展需要有一支训练有素、具有较强执行力的员工队伍的支持，同时，在企业发展过程中，要不断提高员工素质，调动员工的积极性、主动性。

　　　　　　　　　　　　　　　　　　　　　　　　　　——李战胜

"打铁还需自身硬"，不论是对于员工个人而言，还是对于企业发展而言，具备高水平实操能力都是基本保障。上佳公司一直致力于以市场为准绳，构建助推提升员工岗位实操能力的内部动态平衡机制。以市场为准绳是指以市场需求为导向，连通供需、生产、内部协作、战略制定等几个重要环节。内部动态平衡机制是指让每个环节之间的联动性在发展中保持相对静止，各个环节之间不能相互脱节。

供需环节包括生产和销售的联动、供应和销售的联动，该环节为满足市场的供应量提供必要保障。生产环节包含不同工序之间的对接，无缝对接和无滞后为制造满足用户需求的产品提供保障。内部协调环节是当各个环节或部门之间产生矛盾时，为各个小组织能够抛开个体利益而兼顾企业最高利益制定折中方案提供保障。战略制定主要针对企业的决

策层，让他们及时沟通思想，达成一致的目标，对各级小组织进行正确的指导。

1. 理论上，经营非管理的理念打造员工硬实力灵魂

> 企业是要从经营的角度获得长久的发展，经营不等同于管理，经营是做正确的事，管理是正确地做事；经营是创造价值，管理是更好地创造价值；经营是企业生存的目的，管理是实现经营的手段。经营和管理之间的关系是，用管理的手段实现经营的目的，而管理的问题需要用经营的思想来解决。所以，经营企业等同于经营价值。
>
> ——李战胜

"授人以鱼，不如授人以渔；授人以渔，不如授人以欲。"就是指直接给予物质，不如教授方法或某种信念。道理其实很简单，鱼是做事目的，捕鱼是做事的手段，一条鱼能解一时之饥，却不能解长久之饥，如果想永远有鱼吃，那就要真正学会捕鱼的方法。方法是解决问题的手段或工具，采用该方法的动机基于方法带来的最终结果是有益的还是有害的。

上佳公司一直在努力打造赋能机制。开放、包容、无边界、动态、创新是赋能机制的重要特征，具备这些特征的组织不是一台机器，员工不是机器上的一个零部件，组织应该是具有生命力的有机体，在该有机体内员工能够自动自发地完成"致加西亚的一封信"。上佳公司教给员工"渔"，使员工知其然，还教给员工"欲"，使其知其所以然。

"经营非管理"是上佳从上到下，所有员工都耳熟能详的理念。企业的经营是根据企业的资源状况和所处的市场竞争环境对企业长期发展进行战略性规划和部署、制定企业的远景目标和方针的战略层次活动。它解决的是企业的发展方向、发展战略问题，具有全局性和长远性，即企业从本身所处的内外环境条件出发，对企业的经济活动进行的筹划、设计与安排等活动。经营包括筹划、谋划、计划、规划、组织、治理、管理等含义。

管理是指在特定的环境条件下，以组织为中心，通过计划、组织、指挥、协调、控制及创新等手段，对组织所拥有的人力、物力、财力、信息等资源进行有效的决策、计划、组织、领导、控制，以期能够用尽可能少的支出实现既定的目标，或者以现有的资源实现最大的目标。管理的基本原则是"用力少，见功多"。经营和管理相比，经营侧重指动态性谋划发展的内涵，而管理侧重指使其正常合理地运转。

基于经营和管理之间的区别，上佳公司强调，经营不是一个点，不是一条线，而是一个面，或是一个系统。上佳公司认为经营过程包括四个承前启后的阶段（环节），即决策阶段（环节）、管理阶段（环节）、监督阶段（环节）、改进阶段（环节）。其中，管理阶段和监督阶段构成维持职能，其任务是保证经营组织按原经营方向及经营方案运行。而改进阶段和决策阶段共同构成了发展职能，其任务是通过调整经营组织的经营方向、经营目标、经营方针及经营方案使经营组织适应经营环境变化的发展要求，并使经营组织向更高层次发展。

经营非管理的理念保障上佳公司各个部门的工作是从同一个系统的角度展开的，各个部门的工作是同一个出发点，避免了部门的各自为政，该理念作为各种操作手段、工具、技术的使用动机，把握了正确的方向。

2. 实践上，经营体系保障员工岗位实操技能的提升

赋能型的机制或载体意味着唤起员工的激情，组织的功能不是分配任务，而是将员工的兴趣、专长和组织发展需要解决的问题进行匹配。员工因为享受这里的文化，从而获得身份认同、使命认同。从某种程度上说，组织营造了员工互动、交流和相互激发的场所。企业的经营体系、企业的管理模式就是为了实现上述目标。上佳公司的经营体系从表象上看，是一个非标准和数据化的管理体系。

第一，上佳公司实行分权管理，通过量化分责、分权的方式摆脱公司和员工之间传统的雇佣关系，提高员工参与的主动性，加强员工与企业的利益关系。该方式使员工从内心深处认同自己与上佳公司是一个整体，为了同一个目标而奋斗，培养了员工高度的责任心和足够的敬业精神，打造了真正的事业心，不会认为"别人该做什么我就去做什么"，产生了安全感和团队感。

第二，上佳公司把组织整体划分为几个小的细分单位，每个细分单位都对企业最终的经济效益负责。每个细分单位都有清晰的强化责任和目标，这样每个细分单位都是衡量具体业务优劣势的水平仪，每个细分单位都了解业务状况，知道哪个产品卖得好，哪个产品卖得不好，而不是仅仅计算收入多少、亏损多少。通过这种方式，将经济效益不断落实到各个组织当中，培养员工的经营意识。

第三，上佳公司推动内部交易落地公平公正的绩效考核。具体做法并不是让人与人之间形成一种市场交易关系，而是在绩效管理上采取一种"拟市场化"的模式，让员工进入经营者的角色，学会计算每种资源能够带来多少收益，不仅关注绩效的纸面结果，更关注其为企业带来的价值，并防止不合理应收和库存。

第四，从数据量化的角度看，上佳公司的经营体系采用精益化管理方式，依靠数理统计的方法，以精确的数据为基准，对员工个人来讲，让每个员工都学会经营算账，让数据在每个员工的工作流程中发挥作用，在整个企业运营中形成良性循环。从本质上看，对当前的市场环境做出准确的判断，提高产品质量，推动产品创新。

（三）树立正确价值信念，助推员工软实力发展

依据马斯洛需求层次理论，个体的需求发展经历了五个阶段，生理需求、安全需求、爱与归属、尊重需求和自我实现。生理需求、安全需求和爱与归属属于生存的需求，尊重需求和自我实现属于发展的需求。人在低层次需求获得满足之后，会自然而然地诞生高层次的需求，如图2-12所示。

如何满足员工的发展需求，尤其是在东方文化背景下成长的员工的精神需求，对于新生代的商业组织而言，变得艰难而又重要。不言而喻，企业文化成为首选答案，也是唯一答案。企业文化的重要性不亚于创业者本身，流程可以完善、产品可以迭代、技术可以发展，这些都可以不断改进，唯有企业文化不能出问题，也基本无法推倒重来。

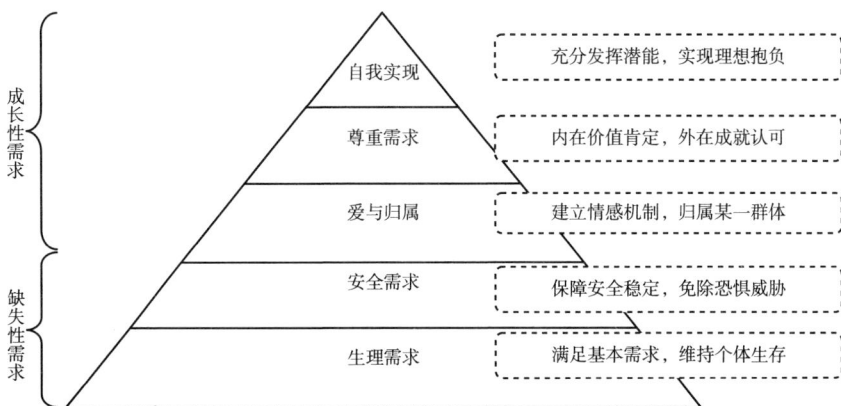

图 2-12 马斯洛需求层次理论

能够持续地创造价值的企业，都应该有相得益彰的组织文化。上佳公司期望实现在组织文化下，每个人都能清楚地知道什么才是最优的答案。所有人都能认识到长远利益和团队至上不仅是对组织最好的，而且对组织里的每个人都是最好的。上佳公司致力于让团队成员能够动态均衡地高效协作，从长期来看，这也就是上佳助推员工软实力提升的美好前景。

1. "学习型组织"打造软实力发展"土壤"

企业是否关爱员工，是否为他们解决问题或工作中遇到的难题，关乎企业的发展。在企业中，员工是不可或缺的组成部分，如果企业经营者忽视了这些组成部分，那么企业发展也会因为员工内心的动摇而发生变化，当员工的实际问题得不到解决，同时无处诉说时，将直接地表现在员工的行动上，如果出现这种局面，企业的经营业绩必将受到影响。

——李战胜

基于系统思维理论，现代企业需要一种整体动态的搭配能力。而职能分工把企业组织切割，导致员工的行动与企业的经营结果在时空上相距较远。那么，当员工不需要为自己的行动结果负责时，就不会去修正其行为，即无法有效地学习。学习型组织是指通过培养弥漫于整个组织的学习气氛、充分发挥员工的创造性思维能力而建立起来的一种有机的、高度柔性的、扁平的、符合人性的、能持续发展的组织。这种组织具有持续学习的能力，产生高于个人绩效总和的综合绩效，如图 2-13 所示。

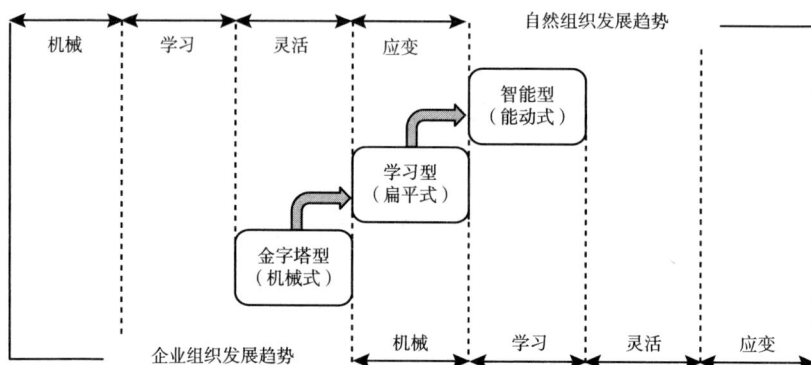

图 2-13　企业组织发展趋势

企业组织发展第一阶段，是垂直单向线性金字塔型组织，该组织形式强调"制度+控制"，使人更勤奋地工作，达到提高企业生产效率、增加利润的目的。该组织在工业经济时代前期发挥了有效作用，它对生产、工作流程的运行和有效指挥具有积极意义。同时也带来了各种问题，比如团队成员协作能力弱，共同目标不强，工作中容易激发个人英雄主义，且带来的固执己见、自我中心，削弱了企业系统的整体能力。

学习型组织通过建立愿景、团队学习、改变心智、自我超越和系统思考五个方面解决了上述问题。愿景凝聚公司上下意志力，形成组织共识，大家努力的方向一致，个人也乐于奉献，为组织目标奋斗。团队学习实现团队综合智慧大于个人智慧的简单相加，通过集体思考和分析，做出正确的组织决策。改变心智是指改变组织障碍，有所创新，改变心智往往通过团队学习来实现。自我超越是指不断提升自己的能力，超越过去的知识和能力界限。系统思考是指站在系统的角度认识企业全貌。

上佳公司在打造学习型组织的过程中，探索了学习型组织的精髓和特征，且形成了较为完备的一套操作方法。上佳公司认为学习型组织的精髓是通过资讯搜集，掌握事件的全貌，培养综观全局的思考能力，看清楚问题的本质，了解因果关系，从而在企业的观念、制度、方法及管理等多方面进行更新。该描述中体现着学习型组织的特征——学习、思考和创新，学习是指全员学习，思考是指系统思考，创新是指组织心智能力提升。

为将学习型组织理念落地到执行层面，上佳公司逐步摸索出一套非常有效的落地手段。打造学习型组织的基础是团队学习，团队学习依靠深度会谈，即团队中所有成员说出心中的假设，一起思考，得出比个人思考更正确、更好的结论，深度会谈是真正一起思考的能力。团队学习实现的路径是PDCA循环改善，即"发现问题—改善问题—获得成长"，该过程是个不断循环的过程，也是个人学习的自然动力。该过程体现了"在工作中学习，在学习中工作，工作即学习"的自我学习、自我完善的机制，如图2-14所示。

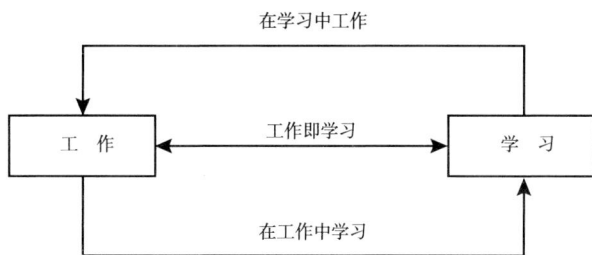

图2-14　上佳公司学习型组织模型

资料来源：本研究整理。

通过学习型组织，上佳的员工可以开诚布公地交流，不仅对行业格局和具体业务模块进行研究分析，还可以对规律性认知进行切磋探讨，在不断学习和实践中理解经营。学习型组织成为上佳公司员工形成软实力的"阳光""空气""水分"，学习型组织的精髓、特征、基础、路径为软实力的发展提供了营养丰富的土壤。

2. 价值共享的组织文化让员工更加"靠谱"

共享价值观是指组织成员对组织存在的意义、经营目的、经营宗旨的信念与看法，是全体员工共同的价值准则。只有在共同的价值准则基础上才能产生正确的价值目标，有了正确的价值目标才会有奋力追求价值目标的行为。因此，共享价值观决定着员工行为的取向，关系到组织的生死存亡。

在规范化运营的初始阶段，上佳公司就非常重视团队成员的共享价值观的打造与形成。尤其在实现企业和员工双赢的目标过程中，上佳公司非常重视建立与发展基于管理层和员工之间价值共享的企业文化。上佳公司采取的措施有经营分析会、读书分享会、"传帮带"机制和员工帮助计划。这些措施的核心在于建立一套透明的规则，提倡基于同样的价值观、同一套话语体系的坦诚沟通和交流，建立最直接、最高效的反馈机制，保持信息通畅。

经营分析是对企业经营状况进行整体的诊断分析。在整个数据分析体系中，经营分析是最顶层的分析，它主要解决两个宏观问题，企业整体经营状况是否达成预期？企业的主要经营手段是否奏效？在经营分析会上，大家相互交流，相互提醒，甚至相互挑战，尤其是对于习惯单打独斗的人，促使其形成自我反省的心态。通过经营分析会，上佳公司内部形成了很好的复盘和纠错机制，不仅有助于个人在其中不断学习、快速成长，而且实现了团队协作的目的。

"传帮带"是一种创造一切条件促成内部的相互学习，倡导团队内部交流和分享的机制。员工的培养大多要依靠工作中的耳濡目染与逐渐熏陶，上佳公司打造了周会、双周会、月会、专题分享会、经营分析会等，通过该方式给员工提供了非常好的学习机会。在不同类型的会议中，上佳公司注重员工之间的互相学习与个人认知的共享，注重每个人给团队分享传递有效的新认知与新发现。通过该机制实现了努力缩小个体认知偏差的目标，也实现了不断对新人进行培训的目标。

读书分享会是一种交流思想、开阔视野、打造思维、提升知识的活动。上佳公司的读书分享会以职能部门为组织单位，每个团队都会派出一名"老师"，拿出"干货"满满的知识与经验，和部门的其他成员进行交流。当然，被选为"老师"的"师资力量"不仅来自部门内部，还来自公司的其他部门，邀请外部的企业家、学者以及各行各业的"大咖"，博采众长，开展各种形式的交流。针对"传、带"可能带来的消灭个性化的结果，读书分享会带来了独立思考的文化。

通过上述各种形式，上佳公司一方面打造了员工的长期主义价值观目标，即所有人都明白，不是所有人一开始都能做到优秀，应更看重潜质、价值观和驱动力。另一方面，又找到了体现个体独立性、组织不断创新迭代与业务稳定向上、精神理念传承之间恰当的平衡点。上佳经营管理部部长张丽君说："通过这种学习氛围，员工能够想得深、看得远、做大事。"

第三节　显性隐性互渗透，自我落地生根

> 在知识经济时代，企业迫切需要大量的知识型员工，满足越来越激烈的市场竞争需要。谁拥有知识型、复合型员工，谁就会在市场竞争中站稳脚跟，获得成功。
>
> ——李战胜

改革开放以来，中国用几十年走过了西方几百年走过的路，这是令人骄傲与自豪的事情。在这个过程中，企业组织经历了追捧成功学的阶段，企业管理呈现百花齐放的特征，有的企业通过学习优秀企业的管理经验获得发展，有的企业依赖资本运作获取利润，有的企业借助专利技术迎来上升发展，有的企业看重文化思想对员工的赋能……

《价值》的作者张磊指出"企业制胜的关键不在于掌握了多少核心技术，因为即便是再超前的技术，也会随着时间的推移变得不再先进，而竞争对手迟早会追赶上来，或者行业本身发生了重大变化，让企业曾经引以为傲的技术遭到时代的淘汰"。从这个角度看，一家企业依靠技术获得生存空间不是长久之计，而且保持技术领先本身也不现实。

通往成功的道路有很多，适合企业自身发展，并能有机迭代更新的操作系统，才是最具竞争力的。在只有不确定性才是唯一可以"确定"的未来，

知识便是唯一能够保证有机迭代及更新操作系统的源泉。能够坚持不懈创造新知识，将新知识在组织内部进行广泛传播，并迅速将新知识体现在新技术和产品上，这样的企业才能应对市场日新月异的变化。上佳公司在探索具有竞争力的经营体系过程中，形成了"加工流畅性视角下的顶天立地"经营体系，该经营体系落地执行的核心就是"知识创新+知识运用"。

知识创新对应于"顶天立地"，知识运用对应于"加工流畅"。"顶天"指学习显性知识，包括中华民族传统的经营智慧和现代企业管理的先进模式。"立地"是挖掘隐性知识，指河南本地企业在改革开放的大潮中不断成长的"暗默知识密码"。"加工流畅性"来自心理学原理，是把"顶天"与"立地"相耦合，实现"理论软化到实践中去，实践支撑理论"的螺旋式上升发展。隐性知识与显性知识的特点、上佳公司显隐知识落地实践模式如表2-1、图2-15所示。

表 2-1　隐性知识与显性知识的特点

隐性知识	显性知识
主观	客观
经验知识（身体）	理性知识（精神）
同时化知识（此时此地）	顺序知识（彼时彼处）
模拟知识（实践）	数字知识（理论）

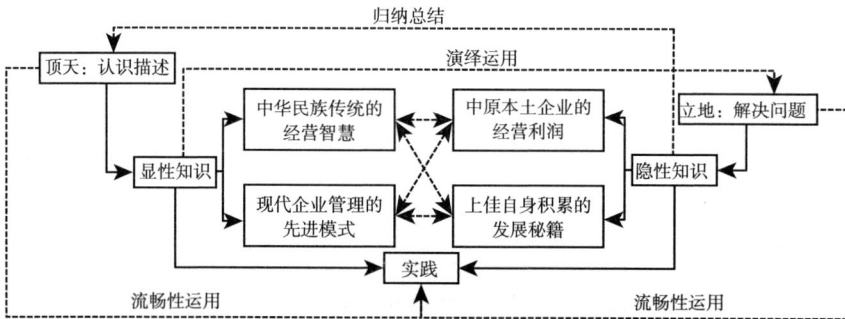

图 2-15　上佳公司显隐知识落地实践模式

资料来源：本研究整理。

（一）显性知识虚心学习，转化嫁接外化于行

基于知识创造理论，西方认为企业是一个处理信息的机器，"形式知识"在管理实践中占主导地位。形式知识是指可以用符号系统完整表述的、清晰的知识，包括文字陈述、数学方程、图表、技术说明书，甚至手语、旗语等。但是，本土文化认为企业是一个富有生命的有机体，深植于个体的行动及经验之中更多的是"暗默知识"。未来属于那些能将东方文化与西方文化进行最佳结合，并且能够推动组织知识创新的企业。本土企业的成功发展已经证明，基于企业实际情况，有选择地吸收西方管理理论是正确的路子。探讨如何成功地将两种最佳方式融合在一起对中国本土企业发展有重要意义。

西方文化背景下，学习型组织运用"系统思维"来实现"既见树木又见森林"的心智转换，其重点很明显是透过精神而不是身体来学习。东方文化背景下，企业更重视从切身体验中学习以及通过试与悟的方式学习的重要性。像儿童学习吃饭、走路和说话一样，通过身心来体会和学习。这种"身心如一"一直是东方文化背景下管理者思维方式的独到之处。

1. 面向未来不忘本来，挖掘本土经营智慧

树无根不活，企业的发展都有历史渊源和路径依赖性。现代企业的发展离不开跨越时空、富有永恒魅力、具有当代价值的本土经验。在新时代，用好本土企业管理中积累的经营密码，有助于企业把握机会，不走弯路，不断提高企业经营软实力。上佳公司深入挖掘和阐释本土企业经营中的隐性知识，学习立足本土又面向全国乃至世界的当代中国本土企业管理创新成果。

中华优秀传统文化中的经营智慧是中国企业创造性转化和创新性发展的肥沃土壤。比如，"不入虎穴，焉得虎子""纸上得来终觉浅，要知此事需躬行""书中自有黄金屋，书中自有颜如玉"都与实践有关，说明离开实践的认识是不可信的，要想真正亲知，一定要深入实践。"读万卷书，行万里路""知是行之始，行是知之成"说明学习理论知识要与实践行为相结合，只有理论和实践相统一时，才能获得真知。这些蕴含深层次文化基因和价值观信仰的民族文化是上佳公司构建企业经营哲学的重要基础。

新时代豫企的营销理念有着独具特色的中原文化特征。诚信为本体现了

重视质量、注重诚信、童叟无欺的文化；爱国济民体现了爱国忧民、扶贫济困、奉献社会的文化；重义薄利体现了为富当仁、不义之财不可取、利以义制、薄利多销的文化；重根求稳体现了发展农业及传统产业、坚守旧业、稳中求进、乡土情怀的文化等。这些有文化释义的经营理念在企业的关系营销、整合营销、内部营销、绩效营销等维度发挥了非常重要的作用，助推企业取得了良好的经营绩效。

在确立上佳与外部客户和内部客户的关系时，上佳公司借鉴了康百万庄园的"留余"文化。康百万的"留余"体现了合作竞争、可持续发展、注重内外部环境和谐的文化。上佳公司与客户之间的价值创造中讲究互利、和谐、可持续发展就是"留余"的体现，即在实现个人私利时不损公利，不损他人利益，不牟取暴利，不搞掠夺式经营，注重商业生态，强调合作竞争、重视与外部环境的和谐统一的思想。

本土企业，比如大信家居、梦祥银、胖东来、三全食品、好想你枣业等，都是融合中原文化与现代经营理念不断创新发展起来的。比如，梦祥银的品牌文化中精益求精的匠人精神、免费调换的让利顾客精神；大信家居体现的顾客为亲人、员工为家人的爱的传承精神；胖东来的有中国文化烙印和底色的爱国精神。来自实践的真知都阐明了一个道理，理论知识本身不创造价值，理论知识只有在解决问题时才具备生产力。上佳公司在发展过程中都有对这些企业的交流学习。

2. 吸收外来有容乃大，借鉴先进管理知识

理论知识提供了一套思考问题的思路和方向，以及做事的方法、解决问题的逻辑。通过专业理论知识的学习，能够快速地分析问题，厘清思路。大多数理性总结，比如主流管理理论中基于数据、信息、分析和推断的战略，这些思路、方法、逻辑都扎根于一定的时代背景，蕴含着丰富的精神层面的事物，同时给出了直接可以借鉴的操作工具、手段、手法。

泰勒的科学管理是针对传统的经验管理而提出的，其中心问题是提高劳动生产率。科学，不是单凭经验的方法；协调，不是不和别人合作，不是个人主义；最高的产量，取代有限的产量。发挥每个人最高的效率，实现最大

的富裕。换言之，就是用高效率的生产方式代替低成本的生产方式，以加强劳动力成本控制。上佳公司的生产部门对该知识的运用，体现在关于生产环境的布置和氛围营造上，生产车间采用柔和灯光与慢音乐。

迈克尔·波特的价值链模型阐明，每一家企业都是在设计、生产、销售、储存、物流及相关辅助服务的过程中，开展种种活动的集合体。所有活动可分为基本活动和辅助活动两类，基本活动包括内部后勤、生产作业、外部后勤、市场和销售、服务等；而辅助活动则包括采购、技术开发、人力资源管理和企业基础设施等。价值链管理就是让这些互不相同但又相互关联的生产经营活动形成一个创造价值的动态过程。上佳公司的部门关系就参照价值链模型从原来的线形结构转变为交融式结构。

稻盛和夫的阿米巴经营模式提出了人生成功方程式，以经营哲学、组织划分、经营会计为抓手，强调量化赋权，由上到下、由大到小、分层逐步推进，通过确立各个与市场有直接联系的部门的核算制度，实现培养具有经营意识的人才和全员参与经营的目的。上佳公司采用阿米巴经营模式将外部市场竞争机制引入企业内部，实现了利润核算的公平公正。

从泰勒起始，西方的管理理念倾向于认为组织是一台"处理信息"的机器，更强调形式和系统的知识，也就是硬性的（定量的）数据、编码程序、通用性原则。衡量企业的经营结果也是单一的数字，比如，提高效率、降低成本及提升投资回报率。同时，更倾向于从注重产业结构和竞争对手分析的定位范式入手或者从侧重企业内部能力的资源基础入手。但是这些都不适应处理动荡、不确定性、不一致、矛盾及似是而非的情形。

上佳公司坚持把西方管理理论、工具、手段同企业实际相结合，不断推进西方管理理论的企业化、实时化，努力实现外来管理理论的创造性转化、创新性发展，使之与上佳公司相融相通。

（二）隐性知识潜心探索，归纳浸润内化于心

人们认识事物的真正任务有二，其一是懂得客观世界的规律性，能够解释世界；其二，运用客观规律性能动地改造世界。任务一包含感觉认识阶段和理性认识阶段，理性认识依赖于感性认识，感性认识有待于发展到理性认

识。接触外界事物属于感性认识阶段，对感性材料加以整理和改造属于理性认识阶段，该阶段从感觉到思维，逐步了解规律性，了解内部联系。任务二是认识的能动作用，表现为从理性的认识到改造世界的实践中去。

认识过程中的两个阶段，在实践的基础上统一起来。感性对应的是现象，理性对应本质。感觉或经验是第一位的，只有社会实践才能使人的认识产生，从客观外界得到感性经验。一个闭目塞耳、同客观外界根本绝缘的人，是无所谓认识的。对于任务二，通过实践而发现真理，又通过实践而证实真理和发展真理。从感性认识能动地发展到理性认识，又利用理性认识能动地指导实践。实践、认识、再实践、再认识，循环往复以至无穷，而实践和认识每一次循环的内容，都进阶到较高一级的程度。

适合自己的才是最好的，时代背景、经济基础、发展阶段都决定没有一模一样的企业，也不存在复制粘贴就可以成功的经营范式。影响企业发展的初始参数是这个企业诞生的基因，制约企业发展高度的是这个企业的大脑，决定企业发展速度的是企业与环境之间的匹配度，限制企业发展长度的是企业与社会发展阶段的相容度。所以，任何一家企业只有基于自身的实际、实践情况，努力挖掘实践中的真知，才能打造有机迭代发展的独有的创新之源。

隐性知识深植于个体的行动及经验之中，具有高度个人化、难以形式化等特征，隐性知识一般通过比喻或图像的方式获得。对隐性知识的重视会形成对组织独有的认知观念——组织不是处理信息的机器，而是富有生命的有机体。对该有机体来讲，社会、文化和历史情境非常重要，这些情境为有机体提供了解读信息、创造含义的基础。

隐性知识是指难以用符号系统描述的知识，它源自个人的体验，看不见摸不着，与个人信念、视角及价值观等精神层面密切相关。经验、直觉、秘诀、预感等都属于隐性知识范围。因为该特征，企业挖掘和学习隐性知识，不但需要通过理性而且必须通过身体及心智。隐性知识分为两个层面："技术层面"知识和"认知层面"知识。上佳公司通过关注隐性知识，思考和构建了核心竞争优势。

1. 通过试与悟，领悟技术层面知识

技术层面知识包括非正式的和难以明确的技能或手艺，生活中常称为秘诀（know-how），亲身体验、高度主观和个人的洞察力、直觉、预感及灵感均属于这个层面。比如，大师级工匠或三星级大厨对大量的技能了如指掌，尽管他们经验老到，但还是难以清晰地表达这份经验或技巧。在生活中专家总是被重视，因为他们知道的比表达出来的更多，无论是书面的表达还是语言的表达，往往都是围绕一个主题进行的，与主题相关的其他因素都会被忽略。

技术层面的知识是通过"做中学"获得的，依赖于"试"与"悟"方面的经验知识，经常难以编码进行大规模传播。比如，学徒工与师傅一起工作，不是通过言语而是凭借观察、模仿和练习习得技艺。在企业组织中，技术层面的知识常常根植于组织结构、交流渠道、解决问题的方法及规划和管理体系之中，由于它具有很强的路径依赖性和特殊的固有惯例，因此，很难在组织间进行转移。

站在组织层面，上佳公司创建利于互动的"场"，推动技术层面知识快速共同化。"场"就是促进成员间分享彼此经历的场所，比如，读书分享会中的主题分享会、经营分析会等。在该场内，通过适当的比喻或类比帮助成员将难以沟通和隐含的技术层面知识表达出来，实现有意义的对话、复盘、个人反思、集体反思。

站在个人层面，上佳公司建立"自主组织团队"，通过促使员工自主行动，推动技术层面知识实现快速共同化。通过自主行动，一方面增加了引入意外机会的概率，另一方面提高了员工自我激励创造新知识的可能性。比如，上佳公司的电商部由不同组织活动背景的成员组成，一开始的目标就是通过集聚"普通人"的知识和智慧，比较系统地对项目活动进行管理，而不是仰仗几位精英人才。

2. 降低个人壁垒，开拓认知层面知识

认知，是人们获得知识或应用知识的过程，从接受外界输入的信息，经过头脑的加工处理，形成感觉、知觉、记忆、思维、想象和语言等，转换成内在的心理活动，进而支配人的行为。认知层面知识就是通过上述认知过程，最终形成的包括感受、观察、理解、判断、选择、记忆、想象、假设、推理等各种思维能力的总和。现实生活中，很多个人或组织认为理所当然、天经地义的事情，就是受认知层面知识影响的一种表现。

认知层面知识很难以数字、图表等显性知识表征，也不像技术层面知识那样可以通过比喻、类比等方式替代，但这个层面的隐性知识始终影响个体对周围世界的感知，有点只可意会不可言传的意味。比如文化，就以润物细无声的方式影响着我们对生活环境的理解和解读。在认知层面知识传递过程中，个人壁垒会影响传递效果，个人壁垒与传递效果呈负相关关系。壁垒越高，传递效果越差；壁垒越低，传递效果越好。

个人壁垒是个体层面的知识与应对新情况、新事件、新信息及新情境的能力，该能力越强，个人壁垒就越低。在企业管理中，个人的有限调适和自我形象威胁是影响个人壁垒的两个重要因素。调适是人们对新的输入信号赋予含义，将它们作为当前知识以外的东西区别开来的过程。如果调适的挑战性过大，就会产生对新知识的个人壁垒，调适越难，人们就会感到压力越大，并越加焦虑不安。在某些情况下，他们会对新情形完全失去兴趣，或者转投比较容易接受的任务和观点。

自我形象威胁是指为了适应新知识，人们必须改变自己。因为知识与自我形象的联系非常密切，人们往往对新生事物有所排斥，与长期的习惯告别可能令人感到危机四伏。在企业中，当提出一个新的知识愿景时，可能会出现产生自我形象威胁的隔阂，有的时候员工会找出一些托词，但是支撑这些托词的自我信念可能是强有力的阻碍因素。

上佳公司为了降低个人壁垒，做了两个非常重要的工作安排："合作"＋"能上能下"。比如，新产品是由研发团队和营销团队合作研发的，通过这种合作，营销团队在做产品营销的时候，能够讲清楚产品技术层面的知识，也能够理解研发团队的隐性知识。能上能下是指每位员工的岗位并不是固定不变的，是动态调整的，随着工作实际绩效，有能力者直接升级，能力不足者自动降级。通过"合作"和"能上能下"，上佳公司特别努力地营造企业氛围：从上至下，齐心合力，努力实现做事的目标，对事不对人。

（三）显性隐性螺旋上升，顶天立地知行合一

依据知识创造的动态模型假设，人类知识是通过暗默知识与形式知识之间的社会化相互作用而创造和扩展出来的，这种相互作用被称为知识转换，特别要强调的是，知识转换是一个发生在个体之间，而不是局限于个人自身的社会化过程。通过社会化过程，暗默知识与形式知识在质和量两方面均得到扩展。依据"知识创造"SECI 模型，"知识创造"过程包含四个模式，如表 2-2 所示。

表 2-2　"知识创造"SECI 模型

类别	暗默知识	形式知识
暗默知识	共同化	表出化
形式知识	内在化	联结化

资料来源：〔日〕竹内弘高、野中郁次郎：《知识创造的螺旋：知识管理理论与案例研究》，李萌译，知识产权出版社，2006。

1. 显隐转化应对确定的不确定性

共同化是暗默知识到暗默知识，手段是分享体验，个体可以从他人那里不经语言直接获得暗默知识，观察、模仿等"做中学"是常采用的手段。表出化是将暗默知识表述为形式知识，比喻、类比、概念、假设或模型等形式将暗默知识明示化是常采用的手段。联结化是将各种概念综合为知识体系的过程，比如通过对形式知识的整理、增添、结合和分类等方式，重新构造既有信息，从而催生新知识，学校的正规教育通常采用这种模式。内在化是使形式知识上升为暗默知识的过程，"做中练"通常就是该模式的体现。

SECI 模型始于暗默知识，个人、团队、组织和环境相互作用，创造知识，不断创新。共同化是共享暗默知识，只有一种有限的知识创造模式；表出化使共享的知识显性化、形式化，可以在整个组织内传播，对比共同化更有助于提升知识"数量"；联结化使分离的、碎片式的形式知识整合为一个整体，这种系统化的形式知识能够实现整体与局部的辩证统一，但是该过程并没有

实现知识"质量"方面的提升；内在化是表出化的形式知识成为个人或组织新的暗默知识，该过程实现了知识创新的"质"的提升。

2. 螺旋式上升提高上佳发展韧性

SECI 模型每一轮知识转化，最终结果都是提升组织创造新知的层次，并且可以周而复始，实现螺旋式上升。知识创造的螺旋是从个体出发，从团队到组织，从部门到企业，不断拓展，不断弥散，不断扩大。由 SECI 模型可知，形成、产生、传递暗默知识的情境是实践，任何成为个体暗默知识的心智模式或技术诀窍，都将变成有价值的资产，如图 2-16 所示。

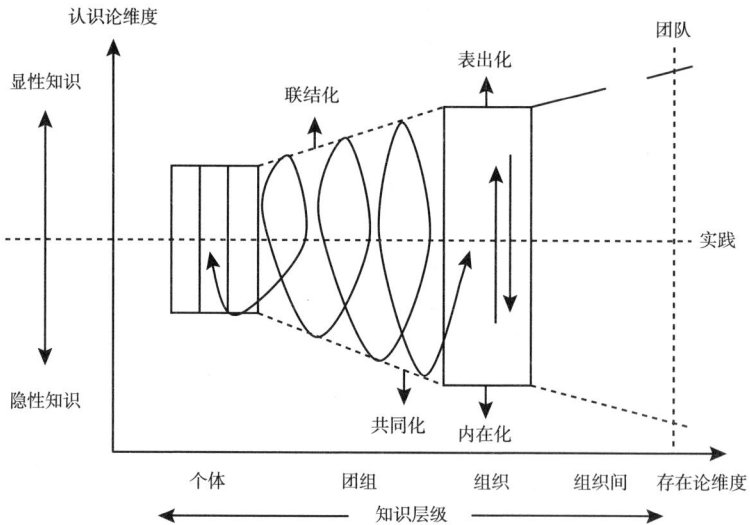

图 2-16　SECI 模型

资料来源：本研究整理。

基于实际情况，上佳公司更重视暗默知识到暗默知识的共同化、形式知识到暗默知识的内在化。上佳公司不断告诉员工，创新就来自每个人的工作实践。比如，中层管理人员对市场趋势的直觉可以成为一个重要新产品概念的催化剂，生产车间的一线工人凭借多年积累的经验可以对生产过程的创新提出宝贵的建议。

在共同化和内在化过程中，上佳公司特别强调以"团队"为载体，团队成为实现个体彼此互动及深刻反思所依赖的持续对话的共享情境，团队成员可以在对话和切磋中转化他人暗默知识和形式知识，又可以把个人散装信息整合成一个整体，团队在其中发挥放大器的作用。比如，上佳在职能部门层面采用"一对一师傅带徒弟"的方式，在公司层面有"左膀右臂"计划、"训练营"等。通过该形式，上佳公司较好地实现了对日常工作方式的塑造和开发的学习目标。

无论是共同化还是内在化，都存在个体与个体之间的碰撞、知识与现实之间的碰撞，不可避免地会产生矛盾。上佳公司把该矛盾解释为"不一致"或"良性矛盾"，并不是绝对对立的两面。上佳公司强调，面对不一致可以找到达成一致的方法，对不断涌现的良性矛盾进行超越，该过程就体现为组织或个体和周围环境产生相互作用，不断推进事物发展。拥抱不一致，就掌握了推动事物发展的原动力。

治疗"不一致"的良方——复盘。复盘，围棋术语，指每次博弈结束以后，复演该盘棋的记录，以检查对局中技战术的优劣与得失关键。上佳公司通常在项目或活动结束后，会对正在进行或已经进行的项目加以回顾，对经验和教训进行总结。在复盘中，团队的思维不断碰撞，一方面会找到不一致的原因，另一方面也会不断激发新的思路、新的思维，甚至新的理论也可能由此萌发，复盘在螺旋式上升中起着催化剂的作用。

上佳公司认为企业组织不是信息加工机器，而是一个有生命的有机体。搭建一个连接实践与理论鸿沟的桥，期望实现显性知识（既有的管理理论）和隐性知识（企业独特的经营实践）的交融螺旋上升，做到"春风化雨""润物细无声"，使得内化于心，外化于行，知行合一。

第三章
上佳经营哲学
——大格局+促价值

慎在于畏小，智在于治大

做正确的事，正确地做事。如何判断企业经营的事情正确与否，其依赖于企业的经营哲学。哲学的原意是"爱智慧"或者"爱智之学"，所以哲学是一种理论化、系统化的思想体系，是一种智慧而不是知识，是人类在实践中产生又反过来指导实践的思想智慧。企业发展需要经营哲学，就如同人的成长也需要哲学一样。经营哲学作为企业的智慧之学，它给企业以经营的智慧，指导企业正确把握市场和企业发展规律，教导企业如何看待和处理内外部矛盾，从而以辩证的、发展的眼光把握主要矛盾，不断巩固企业根基，增强企业发展活力。

如今，一大批企业和经营者都认识到，经营哲学对企业发展起到深刻作用，一方面经营哲学决定企业和企业家的命运，另一方面哲学能为现代企业和企业家的发展筑牢根基、保驾护航。经营哲学是公司从事生产经营和管理活动的方法论原则和逻辑思维程序，上佳公司把经营哲学的方法论和原则作为指导企业实践的基础。当企业在激烈的市场竞争中，面临各种矛盾和多种选择时，上佳公司都参照此科学方法论做出各种经营决策。

第一节　经营哲学衡量心智，迭代升级隐知

哲学的原意是"爱智慧"或者"爱智之学"，所以哲学是一种理论化、系统化的思想体系，是一种智慧而不是知识，是人类从实践中产生而又反过来指导实践的思想智慧。赫拉克利特曾说过"博学并不能使人智慧"，哲学作为智慧之学，可以给人以智慧，具体表现为对宇宙、对人生的正确把握和认知，教导人们正确看待宇宙和人生，提高心灵的境界，同时它作为生活的艺术，可以指导人们生活得更好。

（一）上佳公司迭代升级形成的经营哲学

> 哲学是战略的基础，也是经营的基础。我对哲学的理解包括两个方面，首先体现企业家思想，其次给企业未来发展指明方向。企业家个体的思想是感性的，企业未来发展的方向是理性的，这两个方面必须兼顾。
>
> ——李战胜

经营哲学是公司从事生产经营和管理活动的方法论原则和一套逻辑思维程序，上佳公司把经营哲学的方法论和原则作为指导企业实践的基础。当企

业在激烈的市场竞争中，面临各种矛盾和多种选择时，上佳公司都参照此科学方法论做出各种经营决策。在发展前期，企业的决策很大程度上受创业者个人思想的影响。李战胜董事长个人对企业经营哲学的思考变化过程，其实也从侧面反映了上佳经营哲学的发展历程。

1. 经营哲学 1.0 版本——产品观念，做对得起良心的产品谋生存

放弃优质烤肠。

这个很简单的，比如说原来我做烤肠有一个思想，我坚决不销售自己家人不吃的产品，这就是当时我的哲学思想。为啥咱做到一个亿的市场，这个产品硬生生不做了。有很多企业，为了挣一些钱，可能会采取一些不正当的手段，比如，把这个产品的品质做差，或用一些不该用的东西。还有一个原因，那个时间段从我个人来说，我不够成熟。不够成熟体现在两个方面，第一个方面，上佳这样做，置客户于何地，上佳有没有考虑自己的客户？就那么轻率地放弃了，我有没有深入地考虑。第二个方面，假如说这个产品我不做了，我给这些客户造成哪些损失？甚至包括消费者。

——对李战胜董事长的访谈

在该阶段，上佳公司将产品质量作为起点，坚定向市场提供高质量的健康食品。当市场出现劣币驱逐良币的现象时，面临替代品、潜在竞争者压力重重的情况，上佳公司依然坚守自己的初心，依然把向市场投放高质量的产品放在首位，舍弃了经营利润。该阶段的经营理念属于上佳公司经营哲学的原始版本，即企业家或创业者骨子里的"价值观"，决定了一家企业经营哲学形成的初始参数。

2. 经营哲学 2.0 版本——科学管理观念，引进专业人员进行规范化管理

做循环农业，本身是基于初始创业成功，在政府号召下，又一次新的创业尝试。循环农业实质上是运用循环再生和农业资源往复利用，实

现节能减排与增收的目的，促进现代农业和农村的可持续发展。做这个事，从经营收益角度看，一份投入可以实现社会效益、经济效益和生态效益三大效益，是划算的；从个人情怀角度看，自己来自农村，特别想为自己的家乡做一点事儿。

在实际操作过程中，循环农业其实是一项超级复杂的系统工程，只有不断输入技术、信息、资金，才能充分激发其活力。比如，就农业循环的沼气来看，一方面农户要进行改圈、改厕、改厨，另一方面还要建立"猪—沼—菜"（粮—果—渔）生态模式。同时，为了提升秸秆、畜禽粪便等农业固体废弃物的循环利用率，还要改良测土配方施肥等生态技术。这一系列操作，对于当时的上佳公司而言，是超越了公司和我个人能力的，尤其是对事物的系统思考和把握能力。

——对李战胜董事长的访谈

这个阶段是上佳公司初始创业成功的衍生品，也是上佳公司和李战胜董事长的一个尝试。起始于企业当时经营所需原材料的向后延伸，催化于一腔热血回报家乡的热情，走到大规模资金投入的落地和实践，止步于循环农业这个创业片段的失败。此次创业给上佳公司带来了沉痛的教训，换言之，也给初始创业成功的李总上了理性的一课，创业不是单纯依靠一个理性模型就可以成功的，在理性模型的背后，是一套烦琐复杂的系统，该系统包括管理中的科学和科学技术下的经营管理。该阶段的经营哲学表现为一个企业家或创业者的"认知"高度决定了经营哲学形成的"本质内核"。

3. 经营哲学3.0版本——价值创造观念，不同角色不同需求

刚创业的时候，曾经在心里算过一笔账，如果每天能有500元的收入，一个月就是15000元的收入，刨掉成本，一家人也足以过上相当不错的生活了。当开始带领一帮兄弟的时候，我就在想，如何让这帮兄弟过上相当不错的生活。前面在想的是自己，自己这个小家庭，后面就开始

想创业，上佳这个平台对他人、他人的家庭意味着什么。

随着上佳公司的产品销往全国各地，上佳公司的经销网络遍布全国大中小城市，上佳不仅要对自己团队内部的成员负责，更要对经销上佳产品的中间商、供应商、消费者顾客负责。上佳的责任不仅仅是让自己团队过上有质量的生活，还要涵盖与上佳有关系的所有"朋友"，让其都能在和上佳打交道的过程中过上好日子。

对于经销商而言，上佳要不断投放新品，帮助经销商提升其在目标客户中的定位；对供应商而言，上佳要不断进行技术研发，尽可能地为供应商提供更多的原材料加工方式，促进原材料的销售和提升原材料品质的稳定性。归根结底一句话，上佳公司以产品为载体，满足各方面的需求，进而实现价值创造。

——对李战胜董事长的访谈

上佳的李战胜董事长说："从以前的战略无知、战略迷茫到如今的战略清晰，其实是我自我认知和自我学习发展过程的真实写照。"上佳从产品观念到科学管理观念，再到价值创造观念，一路走来一直都在探索经营的本质。如《价值》的作者张磊所说："商业的本质要看经营者的格局，要看价值，要升维思考，从更大的框架、更广阔的视角去看给客户创造什么样的价值。"可见，经营哲学也遵从第一性原理，即任何一个系统都有一个根基性的命题或假设，它不能被缺省，也不能被违反。

第一性原理，简单来说，在一个逻辑系统中，某些陈述可能由其他条件推导出来，而第一性原理就是不能从任何其他原理中推导出来的原理，是决定事物的最本质的不变法则，是天然的公理、思考的出发点、许多道理存在的前提。

——亚里士多德

坚持第一性原理就要从"本来是什么"和"应该怎么样"出发来看

问题。上佳经营哲学随着领导者经验水平和思想水平的提升，从最初到当前，先一层层剥开事物的表象，看到里面的本质，再从本质一层层往上走，不断探索事物背后皆有的原理。企业的发展会因领导者的卓越经营而受益，也会受制于其思想观念的狭隘和局限。所以，上佳在贯彻经营哲学到经营实践的过程中，极其重视管理层对经营哲学的理解、阐释、转化和渗透。该阶段的经营哲学体现为哲学与企业家所处的环境相互塑造，基于企业所处环境，在企业家的主观解读下形成"经营哲学"，梳理上佳公司的经营哲学发展轨迹可以总结为企业经营哲学形成模式，如图3-1所示。

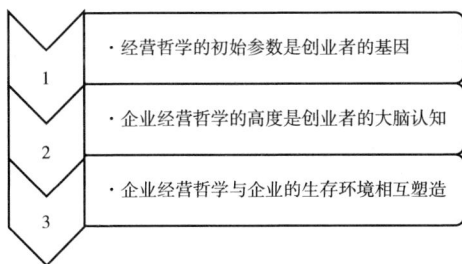

图3-1　企业经营哲学形成模式

资料来源：本研究整理。

（二）经营哲学是企业最底层的隐性知识

企业发展需要经营哲学，就如同人的成长也需要哲学一样。经营哲学作为企业的智慧之学，它给企业以经营的智慧，指导企业正确把握市场和企业发展规律，教导企业如何看待和处理内外部矛盾，从而以辩证的、发展的眼光把握主要矛盾，不断巩固企业根基，增强企业发展活力。企业经营发展到如今，一大批企业和经营者都认识到，经营哲学对企业发展起到深刻作用，一方面经营哲学决定企业和企业家的命运，另一方面哲学能为现代企业家和现代企业的发展筑牢根基、保驾护航。

经营哲学是企业家对企业经营的经验智慧总结，既是对企业经营思想的升华，又是企业经营思想向人类精神原点的回归。企业的经营哲学是抽象的，也是具象的。比如，在绩效薪酬、员工发展、顾客利益方面，企业的价值观念总是清楚而明确的，无论是内部的员工，还是外部的顾客，都能清晰体会到，企业使用的是不是有利于三者互生共存的经营哲学。换个角度看，企业的文化、生存、管理、发展和企业家哲学等并不是一蹴而就的，而是会经历一个由形成到发展，再逐步到为企业奠基的长期过程，直至成为企业不可或缺的重要部分。正是因为经营哲学的含义深厚而广阔，所以经营哲学的表述更多是抽象性的，同时也是企业最底层的隐性知识。

1. 经营哲学提升组织能力——价值引领推动上佳组织成长

经营哲学是企业的思想标尺，也是员工的行为准则，是在任何情况下，所有员工都必须遵循的规则和要求。譬如诚信、勤奋、团结，这些规则和要求就是企业员工需要恪守的"哲学"，只有遵循这些规范，坚持诚信原则，生产优质产品，企业的发展才能攀上新的高度，才能持续带来高回报。

上佳公司一直认为员工培训最难的就是思维方式的培养，而上佳恰恰通过经营哲学打造了员工及团队的思维方式。通过经营哲学，上佳公司培养了一批具有共同理想和道德的人，通过相同的思维方式产生了"心往一处想，劲往一处使"的积极效果，支撑上佳公司由小变大，也成为员工越干越有激情的坚实黏合剂。

上佳公司提倡的创造价值的经营哲学，不仅肃正了员工的工作态度，开阔了每个员工的视野，而且自动屏蔽了员工原有的一些偏狭的观念，员工积极通过增加附加价值为组织赢利，而不是沉迷在投机取巧的小伎俩中。比如，上佳公司基层员工并不会盲目地追求尖端技术，而是追求脚踏实地工作和对行业发展的敏锐性。上佳经营哲学有效地转化为生产力，员工见识到经营哲学的伟大之处，就会以更加饱满的热情感受经营哲学的魅力。

在激烈的市场竞争环境中，上佳公司面临各种矛盾和各种战略选择，经营哲学为上佳公司的经营决策提供了正确的方向。经营哲学指导了上佳公司的管理，保持了员工的凝聚力和向心力，尤其是通过经营哲学逻辑思维程序，公司树立了正确的经营理念，保证了在锁定同一目标的前提下，探讨、摸索、落实了一套行之有效的方法，通过全体员工的共同努力产生最大的效益。

2. 经营哲学激发集体智慧——知识传递实现上佳团队学习

企业的经营哲学来自自身的发展历程，必须从企业的发展经历和感悟中去积累，是无法从他人的感悟中复制粘贴的。上佳公司从自身实践出发，日积月累最终形成自己的哲学思想，再将这种思想贯彻到经营实践中去，进而不断完善、丰富整个理论体系。所以，上佳公司梳理的经营理念更易被员工接受，促使他们发自内心的认同，提升将哲学转变为经营业绩的转化率。

企业由若干个组织构建而成，每一个组织单位都相当于一个人的器官，决定着企业能否正常运行。但企业组织又和人体结构不同，企业的组织结构是人为设定的。那么，一家企业只有一个明确的目标和指导思想（经营哲学），才会让众多的员工团结起来，发挥各自的能力，经营好企业这个整体。依据知识螺旋式上升模型，公司员工个体隐性知识，比如技能、经验等，是公司重要的无形财富。个体的隐性知识转化为平台的显性知识，有利于提升所有员工的技能，并成为公司下一轮知识螺旋式上升的基础。

上佳公司经营哲学中的价值创造观念成为该螺旋式模型落地之保障。每个个体的自我知识，从某个角度而言，是其保持自我优势的条件，是个体实现自我价值的法宝，如何促使个体把自己的法宝心甘情愿地转化为公司平台的财富，是很多企业面临的难题。上佳公司解决该难题的必杀技就是企业的经营哲学。在上佳公司，当面临诸如此类的矛盾时，员工会产生灵魂自问："我如何做能实现我对团队的价值？"每每回到经营的原点，从经营哲学层面，上佳员工就找到了答案，从而激发每个员工的主动性，分享自己的经验。

3. 经营哲学系统解决矛盾——能力提升化解上佳成长障碍

组织是相互连接的部门构成的一个整体，部门是这个相互之间具有高度复杂联系的系统的一部分，有些连接局限在组织内部，很多连接则超出了组织的边界。然而，一个在部门内部看起来非常合理的决策，对于组织整体而言，可能未必是最优的。最优的决策一定是把系统作为一个整体，就一个系统而言，整体大于部分之和，将系统各部分割裂开来研究，就会破坏系统本身。

组织中最常见的问题仍旧是"本位主义"，局限思考和行动，"归因于外"，影响组织决策。产生这个问题的原因之一，是人们缺乏有效进行统一思考的技能。想要了解一个系统，并希望预测、影响和控制系统的行为，进而预测、影响和控制部门的行为，就必须依赖经营哲学。经营哲学，就是让管理者站在更高的层次协调矛盾，从而以理服人，而不是利用职务服人。

事物发展的动力来自矛盾点，矛盾点往往也是流畅性的痛点，上佳公司非常重视经营管理中的痛点，即任何按照原有流程无法流畅性运营的事件。引发痛点的原因一定是上佳公司要找的客观因素，但是，上佳公司认定，客观因素背后的本质因素，一定是"人"的主观因素。归纳言之，解决痛点问题，其实就是要解决人的问题。依据双因素理论，对人的满意度产生影响的因素分为两类，保健因素和激励因素，而经营哲学是激励因素中最重要的因素，上佳公司在经营管理中，借助企业的经营哲学，极好地影响了员工处理问题的方式方法。

第二节　价值涵纳行业链条，牵手共创促多赢

经营哲学要求一家企业要有大局观念，不能只把目光投射到自己从事的某个领域中，其他关联的产业也要考虑进去，如同企业内部经营一样，只关心部门的利益是不够的，要和其他部门互相配合。

——稻盛和夫

企业使命是一个简明的、重点清晰的内部陈述，说明企业存在的原因、指引企业行动的基本目标和指导员工行动的价值。使命也应该描述企业希望如何成就价值并向客户传递价值。使命以及伴随它的核心价值

在一个时期内保持相对稳定。企业愿景绘就了未来的美景，它阐明了企业的发展方向并帮助员工理解他们为什么以及如何支持企业。此外，愿景置企业于运动之中，即从使命和核心价值的稳定性到战略的动态性。战略形成并随着时间推移而发展，以适应外部环境和内部能力造成的形势变化。

使命和愿景为企业制定了总目标和指明了发展方向（见图 3-2）。它们帮助股东、客户和员工理解公司怎么样和公司期望实现什么。但是使命和愿景的表述很含糊，以至于不能指导日常行动和资源分配决策。当公司明确了如何实现使命和愿景的战略时，使命和愿景才变得更具可操作性，经营哲学是可操作性实现的必要充分条件。

图 3-2　上佳公司企业使命及愿景

资料来源：上佳公司。

（一）企业客户员工共同保证价值创造

企业价值创造的核心是为客户创造价值，这一核心理念在上佳经营哲学中时刻有所体现，如"成就客户"的经营愿景，"以客户为中心，为客户创造价值"的核心价值观等。除此之外，"敬天爱人"的司训，"真诚关爱、勇于担当、追求卓越、团结合作、艰苦奋斗"的核心价值观也体现出企业关怀员工成长的经营哲学理念，通过不断培养员工、激励员工、选拔员工来实现员工个人成长和自我价值。

上佳公司经营哲学的核心是通过企业、员工和顾客三者之间微妙关系的平衡来实现价值共创。上佳公司的经营理念："实现全体伙伴物质与精神两方面幸福的同时，促进行业与社会的进步和发展"，全体伙伴包括"客户、员工、股东、供应商和债权人"，非常清晰地阐明了价值创造的主体。

1. 企业为价值创造做好平台铺垫

上佳公司 LOGO 由四个共生的圆环交汇而成，四个圆环代表四种和谐，企业现实与理想的和谐、企业发展与自然的和谐、企业员工与社会的和谐，以及企业发展与道德准则的和谐，高度体现了上佳的价值追求，如图 3-3 所示。

图 3-3 上佳公司 LOGO 含义

资料来源：上佳公司。

上佳公司一直强调要通过脚踏实地、坚持不懈、孜孜不倦、钻研创新、以心为本的经营方法不断满足顾客、心系顾客，始终坚持为顾客创造价值。企业坚持奉行敬天爱人、"做人何谓正确"、致良知、利他经营、六项精进、阿米巴经营理念、成功方程式等经营哲学，不断落实企业与员工哲学共有，使企业的价值观、文化内涵发生了巨大转变。上佳公司为创造价值而做出的努力可在上佳公司的愿景中得到彻底体现（见表 3-1）。

表 3-1 上佳公司愿景

上佳公司愿景	成就客户,打造百年幸福企业
如何成就客户	真正了解客户需求,了解客户的压力与挑战,并为其提供满意的服务,提升其竞争力; 聚焦客户关注的挑战和压力,提供有竞争力的解决方案及服务; 战略以客户为中心,产品和服务以客户为中心,组织和流程以客户为中心,文化以客户为中心; 团结合作成就内部流程客户
百年企业	企业在任何时候,都具有第一层面核心盈利业务,第二层面正在崛起并具有高成长性的业务,第三层面长远种子业务,可以保证企业的基业长青,企业的名号、企业提供的产品和服务始终受到客户的信赖欢迎
幸福企业	可以满足客户、员工、股东、供应商、债权人等伙伴物质和精神两方面幸福的企业
如何打造百年幸福企业	深入员工内心引领企业持续发展的强有力的文化; 制定清晰的战略规划和战略实现路径,保证企业的基业长青; 以客户为中心,为客户创造价值,创造积极向上的文化氛围,给企业带来良性运转的利润; 能够激活组织的价值分配体系; 敢打硬仗,能打硬仗的组织

资料来源:上佳公司。

如愿景中所描述,成就客户,其实就是创造价值。上佳公司不断提高客户价值,针对 B 端客户,为其带来持续的利润,与渠道商开展关系营销,引导渠道商。在产品研发、创新卖点、降低成本、提高使用便利性方面加大力度,为商家引流,通过自身产品的特色为商家打造品牌特色。上佳公司为提高员工对客户的服务意识,带领营销团队认真分析鉴别什么是真实的市场需求,通过培训、引导、建立客户资料库和绩效考核方案不断提高员工意识,以传递和渗透的方式,通过时间的沉淀和经验的积累逐步提高员工的能力。针对 C 端客户,成立电商事业部,慢慢探索 C 端客户市场,在电子商务、商超等方面不断丰富销售平台,通过场景使用的多样化实现产品的多样化。

2. 客户为价值创造提供外围支持

在对待客户上,上佳十几年如一日坚持"利他"精神,到如今,一大批上游供应商如同十几年的朋友一般，依然选择与上佳合作，和上佳协同发展，而深究其中的原因也十分简单，就是上佳在公司财务资金最艰难的时候依然坚持不拖欠货款，包括在某个阶段，企业一些管理人员已经两三个月发不出工资。可以说，在诚信方面，上佳一直没让公司的招牌沾染上污点，这是企业拥有信服力的重要原因，也是上佳拥有越来越多的忠实客户和员工的重要原因。

——李战胜

客户是上佳公司搜集市场需求信息的"千里眼"和"顺风耳"。企业的经营依赖于对外部环境的正确判断，依据营销信息系统，客户会为上佳公司提供非常准确的市场需求信息，而该信息是上佳公司正确的经营分析、计划、执行和控制的营销情报和营销调研信息。从某种角度上看，客户关于市场消费流行趋势的分析，有的时候也成为上佳公司的创新来源。

客户的反馈是上佳工作效果的衡量标尺。依据平衡记分卡，企业的经营效果通常用客户对企业产品的购买规模和重复购买率来衡量。上佳公司每年都会开展客户满意度调查，该满意度调查包括产品品质、售后服务、员工态度及其他几个方面。这些评价维度，一方面衡量了上佳的内部流程质量，另一方面也在验证上佳经营战略的正确性，并且为上佳动力系统的调整指明方向。

客户发挥渠道商的作用，助推上佳的产品顺利到达目标市场。由于上佳公司的产品需要冷链运输、冷冻储存，较其他常温产品，上佳公司的产品要想顺利进入终端消费者的消费场景中，更需要通畅的冷链渠道体系，上佳的渠销商恰如其分地发挥了物流的作用，正是依赖渠道商的冷库，实现了上佳产品供给能力与市场需求的平衡。

为衡量客户为创造价值做出的贡献，上佳公司已形成自己的隐性知识。其一，客户终身价值应该是客户购买、客户口碑、客户信息、客户知识、客户交易五种价值的总和。企业就有必要对客户进行分类，采取不同的服务政策与管理策略，使企业有限的资源优化配置，以实现高产出。其二，客户与企业的战略匹配度，即定位匹配、能力匹配、价值观匹配三个匹配度的总和。

3. 员工为价值创造提供动力保障

大多数创业者在生存和死亡的问题上耗费了太多精力，几乎没有多余的精力用在组织的内部管理上；同时，在各种形态的创业组织中，难以找到统一的、有效的管理范式。但毋庸置疑，组织和管理创新是企业杀出竞争重围的核心动力，在某些时候，甚至成为创业成功的关键变量。科学管理之父泰勒提出科学管理理论，诞生之初，管理学语言发源于工程学语言，它把员工看作被使用的人力资源，把组织假设成可以准确调整和控制的机器，把管理看作可确定、可预测、可计划的事情。

但是，新的商业环境、组织方式和新一代员工的特质决定了当前的管理变成了一种难以预测和标准化的动态过程。尤其对于创业公司而言，最期望的是构建具有内生动力的管理规则，来推动组织发展。如何区别追求传统经济价值的管理实践，建立适应新时代、新经济的管理规则，如何创建高灵活度的管理模式，这些问题没有明确答案，但比答案更重要的是创业者在实践中寻找答案的过程。上佳公司在探索答案的过程中，逐渐坚定，员工就是组织内生动力的来源。

上佳公司强调员工是企业最有创造力和活力的能量来源，能够和企业物质资源一起为企业创造经济价值和社会价值，同时在越来越激烈的市场竞争中，具备发展潜力和技能的员工既是企业成功的关键，也是企业长久发展的需要。而企业与员工的关系有初级的财富分享关系、中级的能力分享关系和高级的价值分享关系。企业若想实现更高级的生存意义上的价值分享关系，就必须和员工实现经济关系，满足员工的物质要求以及实现和员工共同成长，在共享发展目标的同时建立哲学共享的企业文化和理念。

上佳公司制定了高标准的中层员工自律践行宣言，如表3-2所示。

表3-2　上佳公司：干部自律践行宣言

一、上佳是我们全力以赴为之奋斗的事业。

1. 我们的职业成就和个人利益与上佳的未来紧密相连；

2. 我们的一切行为都要以上佳发展为中心；

3. 我们绝对不以任何方式损害上佳利益。

二、我们坚决践行"以客户为中心，以奋斗者为本"的价值观。

1. 为客户创造价值；

2. 坚持艰苦奋斗的作风；

3. 敢于承重，遇事我来扛；

4. 我们负责激励我们的下属，带好我们的团队，一起把事情做扎实。

三、我们认真做事，不搞媚上欺下，不当面赞扬上级，把精力放在把工作做扎实上。

1. 我们绝不说假话，绝不乱发牢骚讲怪话，不传播不实之词；

2. 有意见直接与当事人沟通或报告上级；

3. 同事间的沟通讲究有话直接说，有话好好说；

4. 用坦诚友好的态度完成直接有效的沟通；

5. 就事论事，相互体谅，相互补位，相互成就。

四、我们认真阅读文件，理解指令。

1. 管理者的责任是胜利，不仅仅是简单的服从和执行；

2. 管理者尽职尽责的标准是通过激发自己和部署的积极性、主动性、创造性去获取胜利。

五、我们坚决反对官僚主义，反对不作为，反对拖延踢皮球，遇事迅速推动解决。

1. 事事有回应，件件有落实，凡事有闭环；

2. 我们反对文山会海，学会服务问题简单化。

六、我们公私分明，绝不损公肥私，要爱护自身人格和尊严。

1. 我们待人真诚，谦恭坚韧；

2. 我们处事公正合理；

3. 工作就是我们修行的道场。

资料来源：上佳公司。

干部自律践行宣言，就是坚持以为顾客创造价值为中心的原则，创造安全、放心的优质产品，为塑造企业形象奠定基础，同时提高顾客对企业的好感度。对员工而言，争取为员工创造最大的利益，实现员工物质精神的双丰收、给予员工归属感和存在感，实现员工的自我价值，同时为公司的良性发展提供软实力基础。

（二）外部内部互动营销促使经营哲学落地

> 自创业以来，也碰到过不少被欺骗的事情，但不会因为自己吃过
> 亏，就不再相信别人，无论如何，我还是要信赖别人，而且是从自己内
> 心做到全面地信赖别人，并使自己值得别人信赖。
>
> ——李战胜

企业由若干个组织构建而成，一家企业只有一个明确的目标和指导思想，才会让众多的员工团结在一起，发挥各自的能力，经营好企业这个整体。上佳公司在落实公司哲学方面，从外部营销、内部营销和互动营销三个方面入手。

1. 外部营销以价值共创——上佳与客户

真正地把客户作为伙伴、真正地创造价值的核心，在于了解客户的真实需求。上佳公司依据地域的需求差异，提供不同规格的产品，研发适应各地需求的产品。上佳公司在满足顾客需求方面，一直秉持开放、认真和谨慎的态度，把创造价值落在了实处。

首先，上佳公司一直以来都非常重视客户的信息反馈。基于营销调研系统，客户是营销环境的重要组成部分，客户的信息反馈是上佳公司了解市场、洞察市场的重要渠道。上佳为了避免营销近视，即过于关注某类市场信息，以偏概全，形成对市场需求的决策和判断，因此在对待客户的市场需求信息方面又是谨慎的。上佳公司认为，对客户的负责，应落实在和客户一起分析、判断信息的有效性上。通过开放、谨慎、认真对待客户信息，上佳公司高质量地引导市场客户建立正确预期。

其次，向前迈一步，上佳公司与客户一起联手开拓目标市场。把客户作为真正的伙伴，就要换位思考，伙伴的真实需求是什么。上佳公司的客户主要是 B 端客户，B 端客户的需求来自 C 端市场的需求，与 B 端客户共创价值的实质，是满足 B 端客户的需求。上佳公司曾在一段时间内，投入巨大的人力、物力和财力，与 B 端客户一起开拓 C 端市场。通过该行动，上佳

公司收获了宝贵的关于 C 端市场的一手资料，为上佳公司更好地服务 B 端客户提供了客观依据。

再次，向后抓流程，上佳公司树立高标准的产品及服务理念提升客户的满意度。上佳公司一直以来深知"民以食为天""食以质为大"，公司从创业之初就非常重视产品的质量，随着企业规模的不断扩大，上佳公司在"保质"方面可谓下足了功夫。在最初非现代化生产阶段，上佳公司就超级重视手工操作的环节，整个流程做到了彻底消毒。在目前的现代化生产阶段，通过现代化的设备检测和精细化管理，一步一步加强质量把控。以终端产品质量为端口，倒推客户需求，进而优化内部流程，是上佳公司与客户共创价值的又一体现。

最后，依据上佳公司的战略，向 C 端市场提供产品。区别于 B 端客户，C 端市场的需求又有自身的独特性，那么如何为 C 端市场创造价值，上佳公司从 C 端市场需求的调研活动开始，进行市场细分，结合对市场中竞争者的分析，选择目标市场，明确市场定位，制定有效的经营策略。比竞争者更好地满足目标市场的需求，在消费者的意识领域占据独特的位置，是上佳公司当前及以后一直努力探索的问题，也是上佳公司实现客户价值的体现。

2. 内部营销以转化价值——上佳与员工

员工是公司创造价值的主体，在价值共创方面员工发挥着不可替代的作用。上佳一直认为，员工是公司内部的顾客，只有让内部顾客满足，只有很好地满足员工的需求，员工才会满足外部顾客的需求，企业创造价值的目标才能实现。基于对 B 端客户和 C 端市场需求的理解，上佳公司通过构建岗位规范与标准、打通提升岗位工作知识与技能的通道、缩小实际技能与岗位规范之间的差距，实现公司与员工共同创造价值。

首先，从市场需求出发构建岗位规范与标准，确保岗位的诞生背景就是为了实现价值创造。无规矩不成方圆，上佳公司基于终端市场需求，准确传递市场预期，建立保证市场预期实现的工作规范与标准。岗位是组织为完成某项任务而确立的，由工种、职务、职称和等级等性质所组成。上佳公司的岗位职责设计，不同于传统的岗位职责设计，是基于市场客户端的需求，来规划岗位需要完成的工作内容，以及应当承担的责任范围。无论专任还是兼管，上佳的岗位职责都是非常具象化的工作描述，且依据上佳的经营体系，每个岗位必须归属于一个人，职责是职务与责任的统一，由授权范围和相应的责任两部分组成。

其次，打通提升岗位工作知识与技能的通道，力保每项工作都围绕价值创造展开。实现岗位规范和标准，需要员工具备相关知识和技能。在上佳公司，李战胜董事长一直强调："知识与技能是不同的，知识与技能两者都不可缺。"知识是人类在实践中认识世界，包括人类自身的成果，也包括事实、信息的描述或在教育和实践中获得的技能，是人类从各个途径获得的经过提升总结与凝练的系统认识，如图3-4所示。

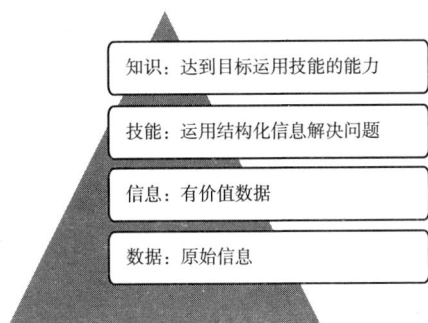

图 3-4　上佳公司岗位知识技能逻辑

资料来源：本研究整理。

最后，缩小实际技能与岗位规范之间的差距，竭尽全力提升价值创造满意度指数。依据满意度模型，价值创造的满意度指数来自感知和预期之间的差额，如果感知高于预期，满意度指数就高，如果感知低于预期，满意度指数就低，甚至是不满意或失望。岗位规范给消费者期望，感知质量依赖于消费者感受到的性价比，即投入成本与获得感知之间的比值，投入成本包括金钱成本、精力成本和时间成本，金钱成本和时间成本是可以直接衡量的成本，精力成本是无法直接衡量的隐性成本。上佳公司为了降低该隐性成本，采取多种方式，努力缩小实际技能与岗位规范之间的差距，比如培训学习等。

3. 互动营销以传递价值——员工与客户

传递价值是实现价值的路径，员工是传递价值的桥梁。上佳公司一直非常重视市场舞台的表演者、企业价值传递者——员工与客户之间的互动。上佳在倡导员工高质量传递公司价值方面，通过三种手段不断保证传递价值质量。

首先，上佳公司强调员工要明确自己在价值传递中的角色。上佳公司对销售部门的员工特别强调，顾客第一次接触时就会形成对公司的最初印象，每位销售人员对产品质量的保证性不容小觑，每位员工都在顾客的脑海中代表公司形象。甚至有些员工，看似从事和营销非直接关系的工作，其实也可能扮演着更多的传统销售的角色。

其次，上佳公司从五个维度塑造员工向顾客传递价值的质量。为高质量传递价值，上佳公司采用影响质量的五维度模型，如图3-5所示。就可靠性而言，上佳公司强调的是员工要能够按照承诺提供服务；就响应性而言，上佳公司强调员工要提升个人的助人意愿和及时的服务意识；就保证性而言，上佳公司强调员工要有激发顾客的信心，有能力准确地向外传递价值；就移情性而言，上佳公司强调员工要学会向顾客提供"关怀的、个别关注的"服务，其实质就是辨析客户的差异化需求，提供精准服务；就有形性而言，上佳公司强调一定要在外在表现和展示等方面匹配、保证、提升价值质量。

最后，上佳公司一直努力打造以顾客为中心的内部支持和顾客导向系统。上佳公司认为，没有以顾客为中心的内部支持和顾客导向系统，无论员工意愿如何强烈，也几乎不可能传递优质服务。上佳公司采用三种手段，度量内部服务质量、提供支持性技术和设施、开发服务导向的内部过程。度量内部服务质量是指对内部支持系统的服务质量进行评估，这个过程类似于开展外部顾客研究的方法。通过核查，内部组织可以识别自己的顾客，确定他们的需求，评估自身服务情况以及改进服务。提

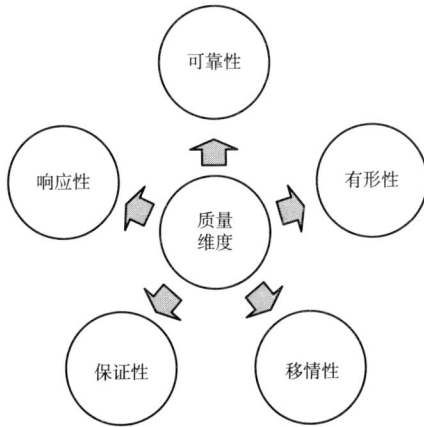

图 3-5　质量五维度模型

供支持性技术和设施是指采用合适的技术和设施，从而扩展到工作地点和工作站设计的战略中，上佳公司为此搭建了 OA 办公系统。开发服务导向的内部过程是指按顾客价值和满意度设计内部过程，以支持服务人员在一线传递优质服务，上佳公司形成的独立自主经营体系就是例证之一。

　　从上佳公司 20 余年的实践中总结其发展壮大的企业基因，不外乎为客户创造价值、敬天爱人、知行合一、利他思维、场景思维、成长思维、系统性思维、企业家哲学，这些看似微小的精神理念给予上佳及其员工源源不断的精神力量，不断披荆斩棘、勇往直前。

第四章
上佳人"可算账"
——大系统+小模块

拆整为零，以零为整，整中含零，零中有整

一个组织最成功的特质之一，当属组织与外部环境之间的高默契度。外部环境各种因素发展变化带来的不确定性，行业竞争对手带来的竞争压力，对一个组织而言既是挑战，也是吸引力。在发展过程中，企业的生命周期一般起源于发现市场机会，终止于企业无法应对外部环境的变化。企业应对这些挑战，从不同视角有不同的方法。

假如动态发展变化来自消费者需求改变，企业就需要深挖消费者的需求，开发满足不断变化的需求的产品。假如动态发展来自行业技术的变化，企业就需要加强技术研发不断提升科技含量，应对行业竞争的加剧。如果动态发展来自竞争导致利润不断缩减，企业就需要加强内部流程管理，不断降低经营成本，提高企业的竞争能力和经营利润。

不管是满足消费者需求的变化，还是加强技术研发提升产品的科技含量，抑或是采用各种手段进行内部管理降低成本等，甚至是综合采用上述手段，企业都是为了实现一个目标，应对所处环境带来的各种压力和不确定性。外部不确定性对企业而言是压力，也是发展的动力，企业可以通过提高对外部的反应灵活性，应对该压力和动力。上佳公司发展至今，摸索出一条提高企业反应灵活性的路子——拆整为零，以零为整，整中含零，零中有整。

　　每个职能部门就像一块块积木，条块划分、横平竖直、边界分明。虽然能够搭建成形，但彼此结合不够，未能产生内部的黏结力和互动共生的能力。怎样促进横向纵向的边界模块整合团结呢？利用矛盾理论，事事时时存在矛盾，矛盾是事物发展的驱动力，是条块部门之间恒定存在的问题。通过横纵赋权，分割权力，通过整体赋能，统一目标，通过权能分责，加强内部联系。利用矛盾的赋能，化问题为动力，化矛盾为链接，化责权为黏结的重要手段和方式。根据公司总体任务的时段性变化，供需、财经、人力、后勤矛盾的变化态势，动态调整赋权赋能赋责，既条块权力，又打破壁垒；既权责分明，又能效一致。

第一节 大组织细分小模块，实现"1+1>2"

把企业系统划分为模块，是指在正确的经营理念指导下，把一个整体划分为几个小的部分，但绝不是单纯的普通意义上的拆整为零，而是为了效率和效果进行的无障碍划分。每个细分模块都有明晰的责任主体，都有强化的责任和目标。每个细分模块都能衡量企业具体业务优劣势，知道具体产品品类的营收亏损。每个模块都能够独立核算，全体员工参与经营，实现在实践中培养员工的经营者意识。通过该种方式，打通企业经营理念贯穿通道。

（一）大系统划分为小模块

大系统划分为小模块，常被称为组织划分，即把组织作为一个整体，基于一定的标准，划分为几个小模块，目的在于激活每个小模块的成本意识和经营意识。大系统划分为小模块的产生背景有二，其一是传统的行政组织架构的僵化性，其二是传统财务会计无法打造内部员工的经营思维。

1. 打破思维从组织架构入手开始改革

要清除这些"企业病"，尝试通过组织架构变革来实现。

——李战胜

一般来说，依据企业总目标，企业会把管理要素配置到具体的部门，确定其活动条件，规定其活动范围，形成相对稳定的科学的部门分工协作体系。没有组织架构的企业将是一盘散沙，组织架构不合理会严重阻碍企业的正常运作，甚至导致企业经营的彻底失败。相反，适宜、高效的组织架构能够最大限度地释放企业的能量，使组织更好地发挥协同效应。

现在比较流行的组织架构有金字塔型结构和扁平型结构两种，金字塔型结构包括直线型、职能型、直线职能型和事业部型。直线型是最早也是最简单的一种组织形式，它的特点是从上到下实行垂直领导，下属部门只接受一个上级的指令，各级主管负责人对所属单位的一切问题负责。职能型是各级行政单位除主管负责人之外，还相应地设立一些职能机构。直线职能型也叫直线参谋型，企业管理机构和人员分为两类，一类是直线领导机构和人员，按命令统一原则对各级组织行使指挥权；另一类是职能机构和人员，按专业化原则，从事组织的各项职能管理工作。事业部型是分级管理、分级核算的一种形式，事业部负责从产品设计、原料采购、成本核算、产品制造，一直到产品销售的全部工作，公司总部只保留人事决策、预算控制和监督大权，并通过利润等指标对事业部进行控制。

扁平型结构强调通过大量的个人学习特别是团队学习，形成一种能够认识环境、适应环境，进而能动地作用于环境的有效组织。也可以说是通过培养组织中的学习气氛，充分发挥员工的创造性思维能力而建立起来的一种有机的、高度柔性的、扁平的、符合人性的、可持续发展的组织。

上佳公司从初创到现在，随着规模不断扩大，规范性不断加强，企业的组织结构也经历了多次调整和迭代升级。在规模较小、生产技术比较简单的阶段,上佳公司采用最简单的直线型结构;在实现基本加工生产现代化、生产技术比较规范、管理工作比较精细的阶段,上佳公司采用职能型结构;2006年以前,为了激发企业资源效能,上佳公司又调整为既保证企业管理体系的集中统一,又充分发挥各专业管理机构的作用,同时职能部门之间协作和配合性较差的直线职能型结构。

上述组织结构历经各种变化,契合了上佳公司不同阶段的发展特点。但从整体来看,这些传统的行政组织架构确立之后,往往长时间保持不变,时间一长容易造成组织僵化。很多企业正承受着组织架构固化带来的损失与困惑,比如,组织内部信息传导效率降低,导致决策低效甚至错误;组织部门间责任划分不清,导致工作中互相推诿、互相掣肘;企业内耗严重;等等。

组织架构对企业的重要意义体现在企业成长的系统安排方面,包括公司资源分配、价值链实现过程、员工成长通道、企业绩效考核、对外部市场不确定性的应对。上佳公司每次组织架构变动都来源于遭遇的各种发展瓶颈,其中最大的发展瓶颈是无法激发企业活力。从企业运营的现象来看,职能设置没有问题、价值链打造符合逻辑、员工都是积极向上的状态、企业的绩效一直处于当地的领先水平,但总让人觉得不是一个动力十足的状态,上佳的销售额在几年时间里增长极其缓慢,一直徘徊的一个水平区间。

为了解决动力不足的问题,上佳公司从各个角度出发开展研究分析。比如,从职能部门岗位角度引入人力资源 KPI 考核系统,从生产经营的角度引入零库存管理系统,从降低成本的角度引入项目管理制,从加强产品创新的角度引进吸纳科研人才,从规范化管理的角度引入职业经理人。这些管理动作短期内确实给上佳公司带来了一定的发展,但总是有一种培养一个长板又带来了一个短板的感觉。这种"头疼医头,脚疼医脚"的改革没有解决上佳公司发展瓶颈的问题。作为统领企业资源配置的组织架构成为上佳经营体系改革的对象。

2. 营销思维替代管理思维划分组织

　　只有使全体员工，至少使企业中层，都意识到企业面临的外部压力，并且切实实现多劳多得绩效分配，才能激发企业内在的能量。

——李战胜

　　管理思维和营销思维有着极大的不同，管理是对人、财、物等资源转化为资本的统筹安排，营销是把资本通过市场交换转为企业收入。管理思维中的安排，其主要目的就是物尽所用、人尽其能、适得其所，最终目的就是优化配置方案，降低成本且实现目标。营销思维中的交换，其主要目的就是让企业提供的产品或服务得到社会的认可，满足市场的需要，把管理发生的成本转化为收入谋得企业的生存和发展。

　　管理是向内求，营销是向外求，仅仅关注向内求，就会出现类似"营销近视"的结果，企业的内部管理很好，但与市场脱节。所以，企业只有把营销思维贯穿于组织的整个经营活动中，即企业各个部门和员工都处在价值链中，以"交换"的思维进行协作和配合，才能实现企业与外部市场之间良好的互动——高效交换。

　　上佳称之为"营销思维的管理"，在此基础上，上佳公司确立了"大组织划小组织，小组织蕴含大系统"的组织架构。这种组织架构的搭建动机，是以市场为准绳的快速反应组织，连接了供需、生产、内部协作、战略制定等几个重要环节。且通过该组织架构，每个模块都应独立核算、自负盈亏，不能仅仅计算收入多少、亏损多少，而是要清楚每个品类的盈亏情况，特别是在产品种类丰富的情况下。通过该模式容易培养经营思维，锁定责任人，从而避免出现问题时推卸责任的现象。

　　依据价值链维度对组织进行划分，上佳公司划分的模块单元如图 4-1 所示。

　　上佳公司在划分组织的过程中，总结经验教训积累的隐性知识包括三个方面。首先，组织划分不是一个固定的模具，可以根据企业规模的大小加以

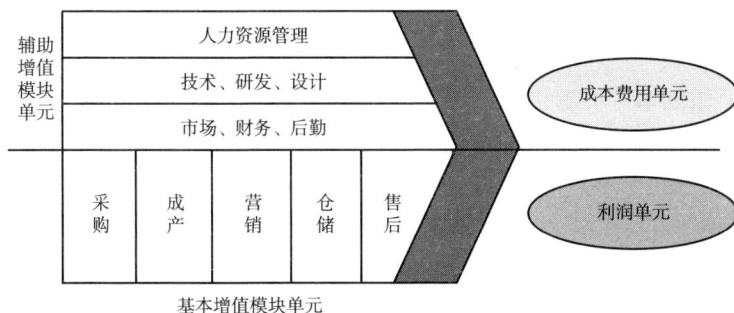

图 4-1　价值链维度上佳公司模块单元组织细分

缩放。但是必须确定，它能够满足独立完成业务的基本条件，且不违背企业的战略发展方向，要保证在完整的工作链条上。比如，企业制定的战略计划是追求质量和效益的双重提升，那么一个负责质检的部门就无法成为独立的阿米巴，因为它只能完成质量检测的环节却不能产生效益，只能变成一个职能部门，配合其他阿米巴工作。

其次，细分的组织架构严格按照工作流程，以及独立完成一道工序并创造市场价值的原则建立，所以能够将企业变成各个独立运行的小团队，可以不受部门职能的掣肘，让企业的组织架构最大限度地细化，特别是基层模块要获得更大的空间，实现物尽其用、人尽其才。

最后，细分的组织架构要能减少沟通成本、协调成本以及监督成本，这是传统的行政组织架构所不具备的。而且要能够促使整个组织架构达到最优，建立自下而上的结构优势，绕过中间管理层，以小团队和高协作的优势在市场竞争中占据主动权，让企业更富有创意和灵活性。

（二）小模块蕴含着大能量

1. 为培养具备经营者意识的人才打基础

企业创业者感到头疼的问题是，没有人能像他一样思考企业如何发展，没有人能像他一样从系统的角度考虑，没有人能像他一样把经营企业当作一份事业，而不是一份工作。所有经营者最幸福的事，用现在流行的话来说，应该是与几个"靠谱"朋友一起成就一番事业。经营者眼中的"靠谱"，是

"志同道合"。"志同道合"，意思是志向相同，道路一致，形容彼此理想、志趣相合。创业者想要的志同道合并不是自己的复制粘贴，而是价值观相同，对所做的事情有着极高的热情，能够全身心投入的一群伙伴。

遇到或找到"靠谱"的伙伴有两种方式，一是外部需求，企业常用诚聘英才的做法，现在则流行找猎头。二是内部需求，即企业培养自己的经营者，属于本土打造，内部培养的经营者深知企业的发展过程、成长逻辑，深谙企业内部的隐性知识。

通过组织划分，上佳公司的利润型模块单元、成本型模块单元和费用型模块单元为内部培养经营管理人才打下了良好的基础。各类模块单元的工作内容、优缺点（见表4-1），决定了模块负责人只有不断打磨自己的经营思维才能不断发展。

表 4-1　模块单元优缺点

类型	特点	优点	缺点
利润型模块单元	独立性 获利性	市场适应性较高； 决策质量及效率高； 快速培养经营人才； 利于释放员工的潜能	总部管控难度加大； 内部交易造成摩擦较多； 分权可能增加额外成本； 过于强调短期及局部利益
成本型模块单元	协调性 局部性	降低产品成本； 降低劳务成本； 实现短期及局部改善	重"节流"轻"开源"； 重"局部优"轻"整体优"
费用型模块单元	分摊性	有利于费用额度及 用途的控制	经费使用的效果难以评估 容易造成"突击消费"

资料来源：本研究整理。

上佳公司把组织系统划分为小模块之后，就找到了创业者思维方式的落地路径。每个模块都是经营单元，类似于独立的企业。经营单元要想实现生存和发展的目标，经营单元负责人就要像真正的老板一样思考，思考的内容包括如何赢利、提供何种产品、如何降低成本、如何优化流程、如何打造团队、如何培养员工等。而这些思考必定带来经营单元负责人协调能力、沟通能力、系统思考能力、项目管理能力等综合能力的上升。通过组织划分，上佳公司实现了经营思维的复制粘贴。

2. 为自主经营独立核算创造条件

俗语说"不患寡而患不均",该处的"均"绝对不是大锅饭、平均主义,而是"公平公正"的绩效分配。依据海德的朴素归因理论,影响事件结果的原因有内因和外因两种,内因是指个人的情绪、态度、人格、能力等,外因是指外界压力、天气、情境等。人在解释别人的行为时,倾向于内因归因,在解释自己的行为时,倾向于外因归因。依据禀赋效应,个人一旦拥有某项物品,那么他对该物品价值的评价会比未拥有之前大大提高。据此,在实践中,个体会把不好的经营结果归因为外部因素,常见的便是经营分析会上的踢皮球,并且个体还会夸大自己的贡献,过高估计自己所付出的劳动创造的价值。

实现"公平公正"绩效分配的前提,是客观公正地衡量价值贡献,即需要一套能够客观测量部门在整体价值中的份额的衡量机制。从传统财务会计的视角,财务结果衡量的是一个组织对过往一段时间经营活动的整体结果的描述和统计,无法客观衡量某个部门的价值贡献和相对价值贡献。客观衡量一方面需要通过市场价值交换来决定,另一方面需要衡量企业内部不同部门创造的价值份额。简言之,该衡量机制应该客观衡量企业内部不同部门创造的市场价值份额。

把外部市场竞争导入企业内部,能够客观测量部门价值贡献,因此需要实现部门自主经营、独立核算。自主经营是指经营单位运用本身的生产条件,包括一定的人力、财力、物力,独立筹划、组织和管理本单位的经济活动,通过独立核算,取得最大的经济效益。独立核算是对本单位的生产经营活动或预算执行过程及其结果进行全面的、系统的会计核算。

实现独立核算的前提条件是,部门组织、模块必须具有一定数额的资金、可对外办理结算、独立编制计划、单独计算盈亏。实现独立核算的单位,需要有单独的会计机构、必要的会计人员,并具有完整的会计工作组织体系,包括会计科目、会计凭证和账簿、应编制的会计报表以及进行分析和检查的方法与程序等。上佳公司通过组织划分,完美地实现了部门自主经

营、独立核算的必要条件——能够自主经营和独立核算的组织边界，即模块
单元。

上佳公司进行组织划分的原则又为独立核算提供了保障，该原则也
是上佳公司积累的隐性知识之一。首先，基于整体规划划分模块单元，
模块单元既有清晰的边界，又有整体的主线。只有以企业的整体效益为
前提，才能够贯彻企业发展战略和经营方向。上佳公司在划分模块单元
时，立足于企业整体，进行系统设计，将价值链作为企业层面划分依据，
在营销模块单元之下，又将地理区域作为进一步划分的维度，如表 4-2
所示。

表 4-2　上佳公司营销模块单元区域划分结构

序号	大区	区域
1	东南大区	浙南、浙北、杭州、江西
2	华东大区	苏北、苏南、南京、苏沪、上海
3	广东大区	广州、深圳、东莞
4	两湖大区	湖南、长沙、湖北、武汉
5	华北大区	河北、石家庄、山东、济南
6	西北大区	陕甘、西安、山西、四川、重庆
7	华中大区	安徽、豫南、豫北、豫西、郑州一区、郑州二区、郑州三区
8	东北大区	北京、天津、东北

其次，模块单元有完整的职能。上佳公司的每个模块都有比较完整的、
实行有效管理所必须具备的职责和功能，具备完成某项业务的能力，能够独
立完成业务。比如，上佳的生产部门要完成原材料规划、产品生产、产品储
存和产品售卖职能，通过经营会计（第七章）衡量经营过程，通过内部交
易（第六章）实现收入，最终测量出模块单元的价值贡献份额。

最后，模块单元有独立的负责人。企业的发展有两个抽象的重要资本：
创新和人才，而人才又是创新的来源，有人才才有可能创新，再完美的机制、
再丰裕的资源，没有人才一切都为零。上佳在划分组织时，特别重视模块单
元负责人的筛选，赋予负责人一定的财务决定权、岗位调配权等，以满足实

现自主经营的目标。又通过承担履行企业战略等方面的责任，培养其经营意识和经营能力。

（三）经营理念落实之法宝

经营理念，就是管理者追求企业绩效的根据，是顾客、竞争者以及职工价值观与正确经营行为的确认，然后在此基础上形成企业的基本设想与发展方向、共同信念和企业追求的经营目标。经营理念对企业而言，就像宪法在一个国家不可摇动的地位一样，有其超然的尊严和价值。事实证明，有些经营理念功效宏大而持久，可以维持数十年不动摇，找到贯彻落实经营理念的手段与方法可以让企业"保地基不动摇"。

1. 模块单元落地经营理念实现"质形合一"

参照"把支部建在连上"，每个模块的负责人都是复制粘贴的经营者，企业的经营理念层层传递，成为每个模块的经营理念，也成为所有员工的经营理念。

——李战胜

经营理念是企业在经营上应该达到的境界，是系统的、根本的管理思想，经营理念决定企业的经营方向，和使命与愿景一样是企业发展的基石。经营理念是企业追求利益、经营战略的核心，是经营思想、意识、方法的提炼，是全体人员行动的总目标、指针，包括董事长、总经理。经营理念的重要性，在上述抽象描述中得到体现，但是抽象描述的事物往往带来最大的难题：不知如何落地，落地执行"两张皮"等。

上佳公司通过模块单元，找到了高质量落地经营理念的途径，解决了上述质形不合一的问题。从组织、价值链流程和员工个体角度，多维度、全方位为经营理念的"无形"落地到经营实践的"有形"提供了保障。经营理念不再是创业者李战胜董事长个人的理念，而成为上佳公司整个组织、所有员工的工作原则。经营管理部部长张丽君说："在实践工作中，当发生摩擦或冲突的时候，我们经常会问自己，基于上佳公司的经营理念，我应该怎么解决这个问题。"

从价值链上看，模块单元在流程方面为上佳公司经营理念落地提供保障。从起始端（物料采购）到终端（销售）全流程落地，包括辅助部门（财务部、人力资源部、研发部）、所有职能部门，上佳公司的经营理念在价值链的制度、流程中落地。上佳公司常采用企业实际案例阐释经营理念，比如模块单元合作过程中呈现的理念冲突、理念执行不到位等方面，现场解说，通过学习、研讨、交流，不断探讨流程中的经营理念。

从组织角度上看，模块单元在结构方面为上佳公司经营理念落地提供保障。经营理念是经营行为的原则和方向，原则和方向不是技术操作层面重视的问题，有了模块单元，有了自主经营和独立核算的赋权，模块单元的负责人就会思考经营的原则和方向。经营分析会是上佳公司经营理念在思想层面碰撞常采用的有效方式，在经营分析会上，从经营结果分析，到下一步预算，每一项决策都会涉及经营理念的分析。

基于价值链从流程层面保障落地，组织结构从思想层面保障落地，企业经营理念传导至组织的所有员工。所以，通过组织划分，上佳公司经营理念从上到下逐层落地，董事长带头重视并执行。从员工个体角度来看，组织细分为模块单元，为上佳公司的经营理念提供操作保障，从员工的岗位到具体的工作内容，经营理念获得全方位落地。经营理念、经营哲学促使上佳员工找到了本我与超我相结合的自我平衡。

2. 经营理念与实践相融合实现"知行合一"润物无声

> 在实践中，经营理念的实施既是最重要的，也是难度最大的。

> ——李战胜

理念与实践完美融合，成为事物发展的助推器，通过理念指导实践，助推实践快速发展，通过实践验证理念，助推理念不断深化。在企业经营中，理念与实践结合往往存在巨大的鸿沟。企业的经营理念，一般都是抽象的表达，从抽象表达到具象实践存在落地难题，通过具象实践展现抽象表达的内涵也很难。很多企业在发展过程中面临的风险之一，就是违背经营理念，带来发展风险。

上佳公司的模块单元较完美地实现了经营理念与企业实践的"知行合一"，做到了经营理念"润物无声"融入实践。其一，基于前述分析，组织划分实现了模块单元为了同一个目标而奋斗，让员工产生归属感和集体感，员工和企业之间建立亲密关系。模块单元经营让每个员工都凝聚起来，培养了员工的参与意识和主人翁意识，从根源上解决了经营理念需要的底层逻辑——向心力问题。

其二，组织划分为模块单元，是在组织效益最大化的前提下，按价值创造链条的维度划分为一个个独立的单元，独立核算，同时将责权利统一起来，让"听得见炮声、看得见硝烟甚至冲锋陷阵的人"拥有自主决策权，不仅要考虑自己所处的模块单元如何做到最佳，而且要考虑自己的决策对整个系统意味着什么。精细的部门独立核算管理机制与玻璃般透明的经营原则保障经营理念落实在工作的点滴细节中。

模块单元的结构优势其实就是经营理念的优势，而传统行政组织结构在实践中效果并不好，这就是过分推崇领导力而忽视理念指导的后果。将复杂的企业组织架构化整为零，增强企业适应市场的能力，提高员工的参与感和责任心，兼顾原则性与灵活性，集全员力量推动经营理念落地。

第二节　价值链串起小模块，打造整体协同性

"一管就死，一放就乱"是很多企业在灵活性和原则性之间来回摇摆的重要原因。放开是为了激发活力、激发斗志，释放活力的方法之一是"适者生存，优胜劣汰"，如果优胜者是个人，即一家企业的发展依赖一个英雄或几个英雄，那么企业的发展就类似一把伞对伞柄的依赖，一旦伞柄坏了，这把伞的生命也结束了。如果优胜者是一套组织或一套机制，那么结果将大不相同。

企业的运营需要多个部门互相配合，看似层级复杂，但是因为每一个部

门都专注于一门功课，他们的岗位能力更精湛，所以能够高速高效开动起来。而部门与部门之间的衔接，才是一个企业组织整体灵活度的表现，整体灵活度依赖于组织部门之间的协同。协同是组织设计的最高目标。为了使组织整体绩效超过组织内各个部门所产生绩效的总和，每个单元的战略都必须相互关联和协同。上佳公司非常重视确定产生合力的节点，并确保这些节点之间的连接性。

（一）基于价值链系统整合内部模块

在一个具有良好机制的企业组织中，长远利益和团队至上不仅是对组织最好的，而且对组织中的每个人都是最好的，因为每个人都能清楚地知道什么才是最优的答案。从长期来看，团队成员动态均衡地高效协作，是一种带来内心宁静的配合方式。动态均衡高效协作，其实就是既要具备灵活性，又要有原则性。组织划分为模块单元，模块单元实现自主经营、独立核算，这是高度的灵活性体现。无规矩不成方圆，自主经营和独立核算得有约束边界，边界是企业的整体发展、整体效益，即模块的灵活性要在企业整体的原则性下。

1. 价值链成为灵活性的原则边界

原则性和灵活性不是对立的关系，而是相对统一的关系。对模块单元而言，要保持有原则的灵活，既不是过分自由，也不是过于呆板，而是让它始终保持在一个兼容并包、形态多样的框架内。有原则的灵活，既保持了模块单元的鲜活性，能够抵御来自外部市场的各种冲击，又保证了模块单元经营的轨道方向性，即灵活一定要在符合企业整体发展方向的前提下。上佳公司模块单元自主经营的边界就是企业的价值链。

价值链是保证模块单元灵活性的原则性框架。所有经营模块要在同一个价值链条下运作，每一个模块单元都是企业整体利益，即最高利益的分享者和分担者。模块单元的快速反应，依赖于企业内部构建的一种动态平衡关系，即让每个环节之间的联动性在发展中保持相对静止，各个模块单元之间不能相互脱节。这种灵活性和原则性的良性互动状态才能让模块单元的经营延续下去，否则，模块单元极有可能变成阻挡企业发展的障碍。

价值链是模块单元独立自主经营决策的判断标准。模块单元独立自主运行的架构一般是虚拟架构，比如内部交易的价格（第六章），模块单元以虚拟的市场竞争价格进行独立核算。企业组织是整体也是实体，与模块单元形成了鲜明的主次关系，模块单元在面对问题时，会快速权衡利弊找准最适合自己的应对之道，价值链条可以保证该权衡利弊的准则是每个人都必须拥有的明确立场，保证个体和整体的利益最大化，损失接近最小化，其实质就是企业的价值链。

上佳公司在划分模块单元时，从整体规划上考虑，要既灵活又有原则，灵活性的背后一定要有原则性。模块单元的灵活性是为了激发内在活力，是在实现企业整体目标的动机下产生的。传统的组织关系是以交付的方式存在的，上一个流程只需将某一产品或某一服务传输到下一个流程即宣告结束，即使有内部管控，对产品或服务的质量也没有实质意义。模块单元和价值链改变了这种关系，单元间形成利益链条实现灵活性，互相促进和要求体现原则性，从而避免了各组织间的扯皮和推诿现象，也减少了组织间的内讧和资源浪费。

上佳公司每次开经营分析会的时候，都会让大家一起朗诵上佳公司的经营理念，经营理念是价值链的无形表达，通过朗诵，就是让大家在心中形成一个铺垫："我下面所说的一切，关于问题的分析，关于经验的总结，关于未来的计划，一定是基于上佳公司整体所做出的判断和决策"。因为价值链保证了模块单元的灵活性与原则性相统一，所以这种看似微小的组织结构能够给予企业旺盛的生命力。

2. 模块单元不等于承包责任制

承包责任制是在经济发展过程中，为了充分调动员工或企业的积极性，企业经济体制改革的一项举措。承包责任制是一种生产经营责任制形式，其基本原则是包死基数，确保上交，超收多留，歉收自补。承包责任制在一定时期和阶段内，成为调动企业经营者和生产者积极性、创造性的手段。但承包责任制所带来的弊端，比如短期思维、局部思维等也是这个手段逐渐被淘汰的原因。

模块单元划分，细化了分工，每个模块单元都能准确地对产品进行统计，了解它们的销售状况，准确分析销量走高或者走低的原因，找到相对应的改良策略。从表面上看，模块单元和承包责任制都有利于经营现状的改变。甚至上佳公司在初期探索的过程中，也曾有过这样的疑惑。上佳公司慢慢总结出，在价值链的大原则下，模块单元与承包责任制有着极大的不同，该隐性知识成为上佳公司自主经营的底层逻辑。

首先，模块单元与承包责任制的本质区别是驱动模式不同，如表 4-3 所示。

表 4-3　模块单元与承包责任制的本质区别——驱动模式

项目	模块单元	承包责任制
影响规模	全员	承包人
动力来源	每个单元模块	单个个体
绩效分配	公平公正	岗位薪资
员工与企业之间	合作关系	雇佣关系
划分动机	表面看似分,实质为了合	分

资料来源：本研究整理。

其次，模块单元与承包责任制的形式区别，如表 4-4 所示。

表 4-4　模块单元与承包责任制的形式区别

项目	模块单元	承包责任制
责任	培养经营人才	收入最高
目标	持续发展	利润最大
权力	量化赋能	财权+人事权
利益	全员共享	承包者利润最大化
长期短期平衡	看重长期	强调短期
系统观	大家好,我才能好	我好就好
决策边界	企业整体	各自为政

资料来源：本研究整理。

综上，上佳公司采用的模块单元可以实现全员驱动，推动企业快速、长期、良性发展，其得益于模块单元自带动力，能够站在企业整体的角度共同面对快速变化的市场。该结果是基于企业所有员工拥有同样的价值观、同一套话语体系的坦诚沟通和交流。毋庸置疑，价值链形成的最直接、最高效的反馈机制发挥了重要作用。

（二）耦合模块衔接点弥合模块缝隙

依据木桶理论，一只木桶的盛水容量，并不取决于桶壁上最高的那块木板，而取决于桶壁上最短的那块木板，最短的木板高度决定了水桶盛水的高度，想要木桶里水是满的，就需要木桶的所有木板一样高。该推论在企业经营中，常常用于说明影响企业发展的不是企业的优势能力，而是企业的薄弱环节，企业应该重点关注比较薄弱的部门或环节。

木桶的短板决定了木桶的盛水容量，而木桶的最终储水量，还取决于木板之间的配合紧密性。缝隙越大，漏水越快，缝隙越多，漏水的可能性越大。木板之间要有衔接，没有空隙。每一块木板都有其特定的位置和顺序，不能出错。如果每块木板间的配合不好，出现缝隙，最终会导致漏水。

1. 依据木桶理论弥合模块单元的衔接点

如果把木桶比作企业竞争力的支持元素，那么能存储多少水就是企业的真正竞争力，木板之间的缝隙数量和缝隙大小是决定储水量的重要因素。把一个企业组织依据一定的标准划分为若干个模块单元，从积极的视角看，提升了企业的活力，激发了员工的动力，增强了企业的韧性；但是，拆整为零，也会带来一些消极的结果，模块单元与模块单元之间有了比较清晰的边界，边界就类似于木板之间的缝隙。

模块单元之间没有良好的配合意识，不能做好互相的补位和衔接，最终储水量也得不到提高。单个的模块单元再优秀也不具备优势，这样的模块单元组合只能说是一堆模块单元，而不是一个完整的系统，不是一个团队。所以，组织划分为模块单元，并不是划分得越细越好，划分得越细，木板间的缝隙就越多，漏洞就越多，未来需要打补丁的可能性就越大。同时，划分得越细，部门的岗位职责越清晰，表面看提高了效率，实质上也可能带来责任分散、部门之间相互踢皮球甩责任,最终结果是违背了组织划分的初衷——提升灵活性和创新性。

不同类型的模块单元,经营思维的侧重点是不同的,上佳公司在提升模块单元之间的配合度与协同度时,切入点是强调模块单元的目标和利益一致性,通过价值链促使各模块单元学会换位思考和树立大局意识。首先,上佳强调,把组织划分为模块单元的首要原则,是能够贯彻企业发展战略和经营方针。其次,模块单元之间的内部交易定价,要以企业整体效益为前提,企业整体效益核算以企业价值链的整合效益为准。最后,模块单元负责人的选择标准上,该人选需要具备经营意识与经营能力,在经营意识上要具备企业整体大局观和系统观,经营能力则指具备带领团队实现目标的能力。

依据价值链进行模块单元划分,价值链为弥合缝隙提供了预防式的思想保障;上佳公司的经营分析会,为弥合缝隙提供了操作层面的工具保障。上佳公司经营分析会的形式与内容,区别于传统的"下级对上级"的负责制。传统的经营分析会受制于传统的组织结构形式,往往在汇报的时候,按照线性组织关系,下级对上级负责,下级向自己的上级汇报,上级会收集到不同职能部门的信息,而横向交流却非常少,并行同级之间的关联度很低,导致每个部门只从部门职责的角度看待问题,部门与部门之间是割裂的关系。

上佳公司的经营分析会,努力实现组织的裂变与协同相统一。经营分析会除了汇报本模块单元的经营结果、存在问题、解决方法之外,还要求开展跨部门分析,即每个模块单元要分析自身的经营情况对公司整体目标实现的影响、对价值链条上其他模块单元的经营成果的影响,同时还要在听从其他模块单元的经营分析时,针对其他单元的经营对自身模块单元的影响,提出给予对方相应支持的方法。

2. "你中有我,我中有你"强化换位思考

上佳公司在价值链的基础上,探索出一条"你中有我,我中有你"的经营理念。该理念概括来讲就是把自己的事情做好是责任,支持相关模块单元是本分。上佳公司通过"你中有我,我中有你"的经营分析会,一方面努力提升上佳公司这个木桶的短板,另一方面不断延伸上佳公司这个木桶的

长板，此外还努力弥合上佳公司模块单元与模块单元之间的缝隙。这种一石三鸟的经营策略也是上佳公司的隐性知识之一。

"你中有我，我中有你"的经营理念，体现在上佳公司的经营报表和经营分析会中。公司层面，模块单元的经营会计表包括规划目标、实际结果、实际与计划差异等，如表4-5所示。

表4-5 上佳公司经营会计表

序号	一级科目	二级科目	三级科目	本月规划(旬合计版)					第一旬小计				
				规划合计	规划销售额占比	实际合计	实际销售额占比	实际比计划差异	规划	规划销售额占比	实际	实际销售额占比	实际比计划差异

资料来源：上佳公司。

在经营报表的规划目标中，数字的背后有一个紧密的逻辑分析过程，上佳公司每年的经营规划，起始于7月，长达半年时间，集合全员、共同商量、分析市场机会、共同决策。制定年度经营计划涉及所有模块单元，思考的事项包括上佳公司实现价值创造的各个方面，从员工的学习成长，到内部流程，到提供市场需要的产品，再到最终实现企业发展的经营结果，每个大的方面还包括若干个细小环节。每个模块单元的动作，都会引发系统反应。比如，营销模块单元的经营规划，涉及生产模块单元的产能布局，牵涉到生产人工、材料采购、机器设备购买等一系列动作。制定年度经营计划，其实就是价值链原则下，缩小模块单元与模块单元缝隙的有效手段。

上佳公司的经营分析会，堪称弥合模块单元缝隙的神操作。经营分析会一般包括三个部分的内容：总结前段时间的经营效果，分析实际效果与规划之间的差距，分析当下形势制定下一阶段预算，如图4-2所示。每一个部分，上佳公司都要求模块单元阐释自己的动作对企业意味着什么，对企业其他模块单元意味着什么。从已经发生的以往，到正在经历的当下，再到对未来的规划，每重复一次，都强化了部门之间的衔接和叠加，弥合了模块单元之间的缝隙。

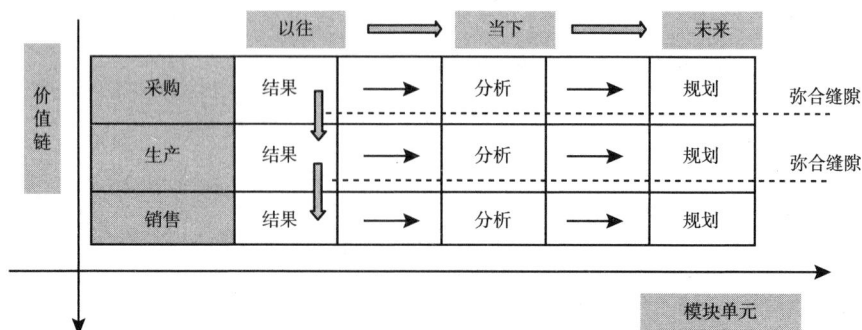

图 4-2　上佳公司模块单元缝隙弥合

（三）通过矛盾赋能提升整合品质

在公司的运营过程中，有一个常常被提及的主题——打破部门墙。有部门划分就存在"分"的痕迹，弥合这条痕迹带来的缝隙有两种手段。其一，"硬"弥合，即通过企业制度、流程管理、岗位职责等方式，告知模块单元"你应该怎么做"；其二，"软"弥合，即从思维、思想、认知等角度，促使模块单元明确"我应该怎么做"。从字面意思上看，"硬"弥合有种强迫、迫使的意味，对执行人来讲，是被动的；"软"弥合有种我愿意、心甘情愿的意思，对执行人来讲，是主动的。"硬"与"软"之间的矛盾，恰恰是推动员工成长的动力。

从自我的角度看，依据弗洛伊德理论，我分为本我、超我和自我，本我是指"我想"，超我是指"我应该"，自我是指"我能够"，自我是本我和超我之间的一种平衡。从动机的视角看，自我是本能的，以趋利避害和享乐为原则；超我以社会道德、群体规范为原则，是后天习得的，超我在某种程度上是反自我的。"硬"弥合其实是对员工"超我"的要求，"软"弥合其实是员工把"超我"转化为"自我"的要求。

1. 依时时事事矛盾打通拆除部门墙

划分模块单元，就会滋生一种局部思维方式，即非系统思维方式，势必会带来各种本位主义的主观判断"我做主"。划分模块单元，模块单元之间就有了边界，这是显性缝隙；对模块单元量化分权，不同的模块单元有不同的思维方式，不同的思维方式则是隐性缝隙。模块单元之间的显性缝隙和隐性缝隙，在经营中会出现各种碰撞，这种碰撞就是通常所说的摩擦。

摩擦，换个词来说，就是矛盾。通过价值链促使模块单元之间建立协同协作的关系，协同绝不意味着没有矛盾。依据矛盾理论，一切事物，在其发展过程中，无不存在矛盾，这就是"事事有矛盾"；每一事物的发展，从头到尾，都存在矛盾，这就是"时时有矛盾"。矛盾是决定事物发展的重要动力，解决这些矛盾，事物就会进步。所以，价值链为模块单元的整合提供了形式边界，而模块单元之间的矛盾为整合提供了质量保障。

在上佳公司，李战胜董事长很多时候都像是矛盾过滤器，面对大家推送过来的问题时，他很少出现情绪上的波动，问他："李总，感觉您每天都生活在矛盾里，为什么看不出来一点点累？"他回应说："事情已经发生，我着急也解决不了问题，所以，急躁没用，解决问题要比埋怨管用。反之，通过解决问题，一方面能够助推上佳的工作向前推进，另一方面能够激发模块单元负责人的内在动能。"把解决矛盾当作上佳公司员工经营思维和经营能力的考核标准之一，是上佳公司打造经营人才积累的隐性知识之一。

"通而不痛，痛而不通。"上佳公司认为，企业经营中存在的"部门墙"是企业内部矛盾的来源之一，"推倒部门墙，建立和谐邻里关系"的实现途径，就是在经营中贯彻解决矛盾的理念。上佳公司李战胜董事长说："承认矛盾，解决矛盾，就能赢得主动地位。"通过不断化解模块单元各要素之间的对抗性，实现和谐关系。解决矛盾是实现暂时的和谐，和谐是各要素以非对抗性为主、以统一性为标志的一种状态。解决矛盾能够促进和谐，但是和谐不等于没有矛盾。

和谐的状态是各要素呈现统一性或平衡性，比如，合作、默契、对话、妥协、双赢、协商等占主导地位，但和谐只是暂时的，外部环境或内部变量发生微小变化，可能都会打破和谐状态，新的不和谐状态产生，也意味着需要创新改变。拥抱矛盾，可能是上佳公司包括董事长在内的大多数员工都持有的乐观信念。

2. 解决矛盾激发动能成就自己

张磊在《价值》中提出："选择和培养价值观契合的人才，赋予他们挑战和成就感，是企业实现长远发展的基础能力。"上佳公司通过解决矛盾，实现了"靠谱人才的筛选"，做到了对人才的优胜劣汰、自动选拔，也成为吸引"靠谱的人"的重要法宝。靠谱人才的标准，是打造经营人才的底层逻辑，如同冰山理论，如图4-3所示。

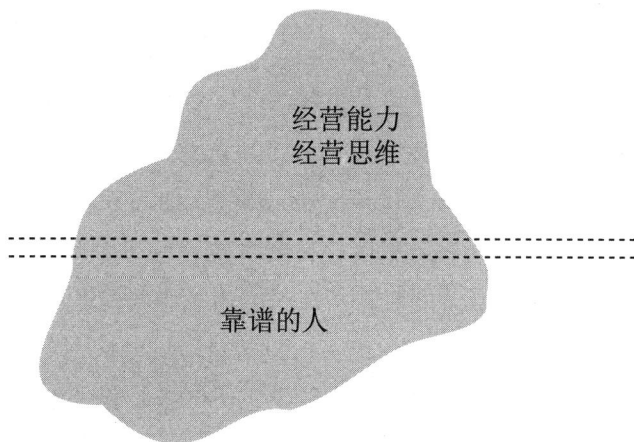

经营能力
经营思维

靠谱的人

图4-3　上佳公司经营人才成长逻辑

上佳公司认为，企业的经营和管理，其实都是在各种因素中谋求和谐的状态。对于经营，谋求的是企业内部资源与外部环境之间的和谐；对于管理，谋求的是企业内部资源组合的和谐。实现内部与外部之间的和谐、内部因素之间的和谐，其实就是企业不断解决与外部环境不确定性之间的矛盾，企业内部资源之间如何组合搭配才能实现最大效能的矛盾。更具有挑战性的是，不存在一劳永逸的结果，随着企业发展，会产生更多、更复杂的矛盾。

解决矛盾需要做好两个方面的准备，解决能力和思维方式。解决能力包括两个方面，其一是掌握解决问题的方法、手段、工具、模型等，即"有没有"的能力；其二是灵活运用上述方法、手段、工具、模型等，即"会不会"的能力。"有没有"的能力可以在理论知识、系统学习中获得，这是最直接、最简单的。"会不会"的能力只能且必须在实践中去获得、提炼、感悟。而"有没有"和"会不会"是相辅相成、螺旋式上升的。思维方式是解决矛盾的更高级动力,是解决矛盾的能力的灵魂。

思维比能力更具有深层次的意义,简单来说,思维方式是行为的动机,引发行为的动机可能存在差异。举个例子,制定年度经营计划,有了全年的总目标额度,制定每个月的规划目标时,基于市场的实际情况和自己的绩效方案,制定的前半年目标额度低,结果一样,但两者之间存在动机差异。在上佳公司有一句话很流行:"只要思想不滑坡,办法总比困难多",这句话其实就是对解决矛盾的思维方式的概括。

企业发展的永续动力,是企业能够培养解决矛盾的人才。上佳公司董事长李战胜说:"人人都知道只解决矛盾是不行的,这只是一句口号,而应该具备解决矛盾的思维方式,掌握解决矛盾的能力。"思维方式和能力来自解决矛盾的实践中,能够解决矛盾的人才也必须从实践中来。上佳公司"三欣二意"会议的主题是"欣赏+批评",就是在工作实践中面临哪些问题,如何思考,有什么解决方案,为什么选择这个解决方案,有什么优点什么缺点等。表达自己,听取评价,吸收建议,塑造经营思维,提升管理能力。

正是通过这种在实践中解决矛盾的思维方式,上佳实现了经营管理人才核心素养——自驱力的培养。自驱力是指能够寻找事物背后的意义,追求人生的意义感,拥有专注于解决问题的最佳效率的能力。这个实践也成为上佳公司吸引靠谱的新人的关键,他们身上具备企业家精神和主人翁意识,更能挖掘自身的潜能,认识并突破自己的能力圈,以最精干的方式完成具有挑战性的工作。企业家精神和主人翁保障了整合质量!

第三节 小中有大,大中有小,加速激活能量

透过现象看本质,组织划分呈现的现象是企业整体划分为模块单元,该动作的本质是加速激活企业内部能量。所以,组织划分背后是"分"+

"合"的逻辑，即"分"是手段、是表象，"合"才是本质、是目的。上佳公司独立自主经营的精髓在于运用利益独立核算的方式，实现了"以分为合"的操作路径，首先进行自上而下的分解，接着又进行自下而上的整合，分解是基于整合的最终目标，整合是分解的最后结果。

通过"分"，一方面可以实现全员参与和高度透明的经营方式，最大限度地调动团队成员的积极性，为激活企业内部的能量找到途径，为培养经营人才奠定基础；另一方面可以培养模块单元的经营意识，提高公司面对市场不确定性的反应灵敏度。借助"合"，推动各个模块单元高度的协同统一，一方面形成合力，聚合能量，更有助于找到企业与外部环境和谐相处之道；另一方面形成共享文化，积累文化能量，所有模块单元的经营活动都共享企业的经营理念、经营方针。故"分"与"合"其实是有边界条件的分和无边界条件的合。

（一）权利下放落地，量化赋能

职责、权力和利益对等才能调动工作积极性，使工作能力和动力最大化。

——李战胜

上佳公司的模块单元赋权，区别于传统的"权力"下放，而是强调"权利"下放，一字之差，实际上"差以毫厘，谬以千里"。通常，企业经营管理面临一种矛盾："放开就乱，抓紧就死"，即如何实现集权与分权之间的平衡。该平衡是指企业针对自己所拥有的资源，比如人、财、物、技术、品牌等，如何组合、搭配、分配才能实现企业发展目标。传统理解的分权即权力下放，经营经验证明，通过权力下放，可以激发员工的活力，激发企业的能量，同时也会给企业经营带来短视行为。

1. 权利 VS. 权力，量化赋能

权力是人与人之间的一种特殊影响力，是一些人对另一些人产生他所希望和预定影响的能力，或者是一个人或许多人的行为使另一个人或其他许多人的行为发生改变的一种关系。经济权力是指对物质财富的占有权、支配权、分配权和管理权，权力的特征包括三个方面，鲜明的阶级性、社会性和强制性。从组织结构的角度来看，权力可分为人事任免权、工作安排权、责权利分配权。

权利是一种价值回报，一般是指赋予人实现其利益的一种力量。在所有的社会关系中，任何人通常有一种最重要的社会关系，这种社会关系决定着他的根本利益，是其主要的生活来源和生存根本，职责就是一个人在其最重要的社会关系中应该进行的价值付出。所以，权利与义务相对应，义务是人在相应的社会关系中应该进行的价值付出，权利是人在相应的社会关系中应该得到的价值回报。

权利通常包含权能和利益两个方面，权能是指权利能够实现的可能性，利益则是权能现实化的结果。换言之，权能是可以实现但未实现的利益，利益是被实现了的权能。上佳公司在对模块单元赋权的时候，强调的不是"赋权力"而是"赋权利"，"赋权利"包含赋予职责、赋予权力和赋予利益。职责，亦是义务，是指应当担负的责任，比如维护公司利益和业绩等公司层面的责任，团队建设和培养人才等团队层面的责任，维护客户利益等客户层面的责任。权力是个人职责范围内的支配力量，主要是对人、财、物的支配权和使用权，具体包括人事权、财务权和奖惩权等。利益包括物质利益和精神利益。

上佳公司在对模块单元负责人赋权的时候，特别强调职责、权力和利益三者之间的统一。模块单元负责人既是责任的承担者，又是权力的拥有者和利益的享受者，三者相辅相成、相互制约、相互作用。职责、权力和利益相互挂钩，能够克服有责无权或有权无责等责权利脱节的弊端。一般情况下，职责、权力和利益对等才能调动工作积极性，最大限度地提高工作能力和动力。一般而言，职责对应销售额、边界利润等收入目标，权力对应固定费用、变动费用等，利益对应经营利润（绩效考核、工资、奖金等），如表4-6所示。

表 4-6　经营报表中的责、权和利

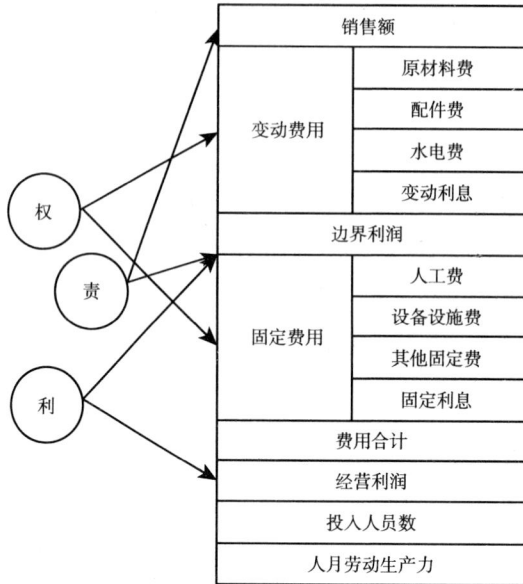

变动费用 包含：原材料费、配件费、水电费、变动利息

固定费用 包含：人工费、设备设施费、其他固定费、固定利息

表格内容：
销售额	
变动费用	原材料费
	配件费
	水电费
	变动利息
边界利润	
固定费用	人工费
	设备设施费
	其他固定费
	固定利息
费用合计	
经营利润	
投入人员数	
人月劳动生产力	

资料来源：本研究整理。

2. 做好 VS. 做对，动机相异

基于职责、权力和利益相对等的原则，上佳公司在赋权的时候，已经不会一刀切地给予权利，不是平均主义。但是在实际操作过程中，依然发现没有达到理想中的系统黏合度，有的模块单元能够和其他模块单元建立良好的关系，有的模块单元好像做得不错但总是相差那么一点。理论指导实践，实践验证理论，在实践中面对迷茫，可以尝试借鉴已有的经验。这也是上佳公司的隐性知识之一。

上述两类不同模块单元的表现，可以借助动机调节导向理论来解释。动机调节导向理论以个体的差异性为基础，是关于人做事的动机的理论。该理论认为，个体有两种不同的期望终极状态，即理想终极状态和责任终极状态。理想终极状态代表强烈的理想，是自身或重要的他人对其的希望、愿望和渴望，个人追求的是理想自我。责任终极状态代表强烈的责任，是自身或者重要他人对其的义务、责任和职责，个人追求的是责任自我。两种不同的期望终极状态，产生了两种不同的个体自我调节倾向，促进导向的自我调节和防御导向的自我调节。两者之间的差异性，如表 4-7 所示。

表 4-7 个体特质差异比较

类别	促进聚焦	防御聚焦
动机导向	进取动机	防御动机
目标结果	努力实现个体的理想、希望和愿望，注重个人发展和自我实现	努力避免失败和错误，注重履行个人的责任和义务、满足他人的期望等
战略方式	积极追求达到目标的促进战略	防止错误而实现目标的防御战略
发生情境	收获或无收获情境	无损失或损失情境
结果反应	对正面结果的出现或不出现敏感	对负面结果的出现或不出现敏感
情感体验	快乐或沮丧，对快乐沮丧情感维度评价敏感	平静或焦虑，对平等焦虑情感维度评价敏感

上述两类模块单元的负责人，前者就属于促进聚焦的个体特质，后者就属于防御聚焦的个体特质。前者看重如何把事情做好，后者看重如何把事情做对。做对，即不犯错，往往更看重责权利中的职责和权力，这体现的是流程管理思维。做好，即争取好结果，对责权利中的三个因素都很看重，这体现的是经营思维。基于此，上佳公司在赋权的过程中，有了清晰的责权利量化标准。通俗来讲，对不同特质的人，从不同的岗位、模块单元的不同战略位置等出发，制定不同的责权利。

对于促进聚焦的模块单元负责人，适合放置在与企业发展目标实现紧密相关的模块单元，如收入模块单元、发展初期的模块单元等，"把利益的燃料洒在天才的火焰上"，即加强对其职责、权力和利益的赋权。比如，可以加大模块单元需要配备的相应的运作资源。相对应，对于预防聚焦的模块单元负责人，适合放置在成本模块单元或费用模块单元等，对其加强职责和权力的赋权，弱化利益的赋权。

（二）齿轮咬合流畅，衔接沟壑

孤掌难鸣，一个巴掌拍不响，按字面意思理解就是指要想拍出响声，仅凭一只手是不可能实现的，常常用来比喻矛盾和纠纷不是单方面引起的。物理学关于"力"是这么解释的，力的作用必须在两个或者两个以上的物体之间才能发生。力是物体对物体的作用，物体间力的作用是相互的。

企业就像是一台正在运行中的精密仪器，该仪器运行的质量取决于所有零部件的质量及零部件之间的联动性。价值链是模块单元的划分依据，系统是关于模块单元之间如何相处的思维方式。上佳公司一直致力于让模块单元之间，像咬合的齿轮一样，相互带动、相互支持、相互影响，产生联动效应。高质量运转的仪器，应该是在相互咬合的基础上，更加追求咬合的质量——流畅度。

1. 静态 VS. 动态，互为因果

从搭建一个组织，到组织如何正常运转，再到组织如何高效运转，难易程度逐渐上升，越来越难。关于组织如何运转，目前流行的做法，是根据完成一项任务的目标，基于任务流程，把流程拆解为若干个节点，针对每个节点设计功能模块。模块与模块之间的关系是，上一个模块为下一个模块打基础，下一个模块在上一个模块的基础上进行加工，如此一步步地完成所有工序实现目标。这是"事情是什么，如何做成一件事"的企业组织运行逻辑（做对一件事）。

上述企业的组织运行，是基于模块之间的逻辑顺序。而对企业的经营运行而言，依据价值链进行岗位划分，仅仅是实现组织目标的充分条件，岗位之间如何高质量运转才是必要条件。上佳公司认为，模块单元之间不是单纯的支持、配合，应该是像齿轮一样，能够相互咬合、相互联动。上佳公司认为，如果把每个模块单元比作一个个体的话，所有模块单元集合在一起，应该是一个团队，而不是一个群体。基于组织运行和经营运行视角，模块单元之间的区别如表4-8所示。

表 4-8　组织运行和经营运行视角下模块单元之间的区别

类目	组织运行视角	经营运行视角
底层逻辑	价值链	系统
思维方式	线性/流程/工序	联动
模块之间关系	先因后果	互为因果
模块相处方式	配合/协作	咬合/协同
模块单元呈现	群体	团队
语言表征	我/你	我们/咱们
组织特质	独立自主	相互依存

资料来源：本研究整理。

基于上述分析，如果把企业比作一台机器，那么企业的运转不是一个零部件完成动作，第二个零部件开始动作，第二个零部件完成动作，接着第三个零部件开始动作，依次类推；而特别像是一台齿轮咬合的机器，一个齿轮开始运转，带动一系列齿轮运转。上佳公司强调，企业模块单元之间不仅要有极强的契约精神、清晰的分工，还要有团队精神、荣辱与共的企业精神。

2. 配合 VS. 咬合，协同一体

基于组织运行和经营运行视角，上文区分了模块单元之间的关系。落地到经营操作层面，上佳公司特意强调模块单元之间的交互方式，并且在各种工作场合向大家宣讲配合（协作）与咬合（协同）之间的不同。

配合，来自机械操作，指机械或仪器上关系紧密的零件结合在一起，后来指代各方面相互协作完成共同的任务，强调分工合作，实现共同目标。在该解释中，协作是解释配合的核心词。协作是指在实现目标的过程中，部门与部门之间、个人与个人之间的协调。协作可以充分有效地利用组织资源，扩大企业经营空间范围，缩短产品的生产时间，便于集中力量在短时间内完成个人难以完成的任务。协作能创造出比单个战略业务单元收益简单加总更大的收益。企业在经营过程中常常用到四类协作，资源协作、技术协作、配合协作和信息协作。

概括来讲，在实现目标的过程中，往往会出现某一部门资源（技术、信息）不足的情况，如人力不足或设备不足等。这就需要其他部门从全局观念出发，给予必要的支援，互通有无，互相帮助，为实现共同的目标开展协作。协作的过程是一个"交换"过程，参加者双方——既不少也不多——履行各自的"签约义务"。双方的注意力集中于基于自己和相对人的责任、义务，进行计算而选择自己的行为。比如，交付一定的商品，完成一定的工作，把一定的服务换成一定数额的金钱等。

咬合，来自生物学，指下颌功能运动时，上、下牙弓由一个咬合位到另一个咬合位的变化过程。在机械学中指表面凸凹不平的物件，相互接触卡住。在该解释中，可以看到咬合意味着成为完整的整体，咬合的同义词是协同。协同一词来自古希腊语，或曰协和、同步。"协，众之同和也。同，合会也。"协同就是指协调两个或者两个以上的不同资源或者个体，共同完成某一目标的过程或能力，强调主动与受动之间的交互作用。

协同是指元素对元素的干预能力，表现了元素在整体发展运行过程中协调与合作的性质。若系统中各种子系统（要素）不能很好地协同，甚至互相拆台，这样的系统必然呈现无序状态，发挥不了整体性功能而终至瓦解。相反，若系统中各子系统（要素）能很好地协同，多种力量就能集聚成一个合力，形成超越各自功能总和的新功能。在协同的理念下，系统内的要素专注于终极目标（上佳公司的发展战略），克服软肋（承认自己的不足，每天都让今天的自己比昨天的自己更好一点），以团队的利益为先，同时要求每个人都追求卓越（系统思维打造），形成反思机制（上佳公司经营分析会的第二个环节）等。

上佳公司一直努力搭建高效的经营运行团队，在探索的过程中，也逐渐形成了自己独有的心得，从最初的相互配合，到现在的齿轮咬合，从工作中有主配角之分，到现在独立自主经营下人人都是主角，从企业系统大经营、内部部门小管理，到当前模块单元大经营、企业系统小管理，从职能上边界清晰，到运转上协调统一，人人知道自己该干啥，人人知道自己如何干好。这是上佳公司发展过程中积累的关于组织协同的重要隐性知识，如表4-9所示。

表 4-9 模块单元组织划分与职能组织划分的区别

差异维度	职能划分的团队特征	模块单元划分的团队特征
关系	部门之间是配合	模块单元之间是咬合
角色	工作中有主配角之分	工作中人人是主角
职能	企业系统大经营	企业系统小管理
功能	企业部门小管理	模块单元大经营
边界	部门职能边界清晰	模块单元运转协同

资料来源：本研究整理。

第五章
上佳人"能算账"

——大市场+小市场

上佳佳人亲，贡献分得清

组织划分为企业应对外部环境的不确定性提供了必要条件，为强化企业内部的灵活性和韧性提供了充分条件。价值链为组织划分后形成的模块单元与模块单元之间的关系提供了边界制约，模块单元与模块单元的咬合运作为企业组织的整体效果提供了理念保障。一切工作落到操作层面需要具体的方法、工具，内部交易是模块单元之间实现咬合运作的有效操作方法和手段。

内部交易是把企业与外部环境之间的市场竞争机制引入企业内部，即在企业模块单元之间建立市场机制，各模块单元之间将原来的工序交付关系，转化为产品或服务的价值交换关系。通过内部交易，推动人人成为经营者的理念落地，以内部市场化为运作机制来提升企业内部活力，促进企业的外部竞争。即内部交易采取一种"拟市场化"的模式，让模块单元之间只在形式上形成一种交易关系，而本质上是让员工进入经营者的角色，不仅关注绩效的数据结果，更关注其为企业带来的价值。

第一节　虚拟"内部市场"，传递外部竞争

（一）优化内部循环机制

上佳公司在经营中一直强调，实现企业的整体目标，要在两个方面找到平衡点，其一是认真分析企业面临的外部市场压力，包括外部市场压力有哪些、压力的来源有哪些；其二是积极探索企业内部环境的能量，企业内部环境的能量包括硬能量和软能量两个方面，硬能量指企业拥有的人、财、物等可以客观衡量的资源，软能量指企业拥有的无法客观衡量的内在能力，比如员工积极性和热情、企业经营体系或机制等。

上佳公司经过近十年的摸索，结合企业的经营实践，在模块单元之间建立"模拟市场"机制，通过该机制切实激发了上佳公司内部的软能量。"模拟市场"是指在企业内部建立类似的市场机制，模块单元之间不再是价值链上相对应的工序交付关系，而是价值交换关系。模块单元之间实现在价值链条下"亲兄弟明算账"，借助经营会计，模块单元实现"压实主体责任，培养经营思维"的目标，企业实现"优化内部循环"的目标。

1. 构建内部交易，实现亲兄弟明算账

企业在制定和实施经营管理目标与计划时，不仅要考虑企业外部环境力量，还要充分考虑企业内部环境力量，争取内部环境的理解和支持。

——李战胜

齿轮流畅咬合呈现出来的现象是联动，一个齿轮转动带动相关的一系列齿轮转动，齿轮与齿轮之间的联动效应取决于齿轮转动的动能传递。企业经营中模块单元之间实现"动能传递"，不能依赖于道德方面"超我"的"应该如何做"，而应该是自我中"本我"的"我要如何做"。实现动能传递依赖于外部刺激反应模型（见图5-1），模块单元之间的联动依赖于模块单元接收的外部刺激信息和模块单元对外部刺激信息的解读过程。

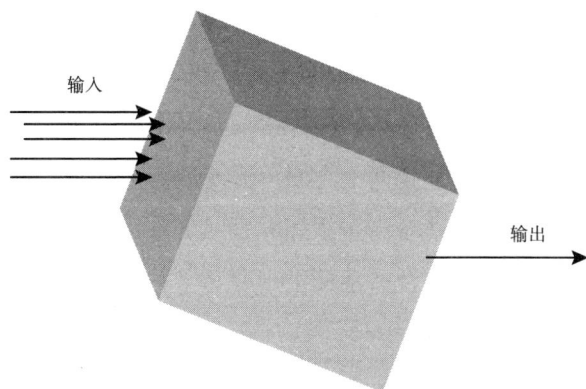

输入

输出

图5-1　外部刺激反应模型

在外部刺激反应模型中，外部输入的信息和对信息的解读起到非常重要的作用，输出的结果仅仅是结果而已。如果每个模块单元是一个齿轮，模块单元之间要实现高质量的联动，就要保证模块单元之间接收的外部刺激信息是一致的，同时解读的信息能够高质量地嵌入模块单元自身的经营体系，模块单元输出的信息结果成为输入信息，又能很好地被其他模块单元接收和解读，如此轮转，所有模块单元之间实现高效联动运转。

在探索独立自主经营的过程中，模拟外部市场价值交换，基于外部市场价格，上佳公司在企业内部建立内部市场价格机制，从采购模块单元到生产模块单元，再到营销模块单元，由内部价格牵动的模块单元之间的内部交易，成为承接模块单元之间相互咬合的重要载体。内部交易让模块单元之间产生高质量的联动效应目标，内部交易产生的经营会计信息实现了"亲兄弟明算账"的目标，能够科学开展业绩分析和客观评价价值贡献。

亲兄弟是指内部交易不会伤害彼此之间的感情。企业内部交易的目的是应对越来越复杂、变化越来越快的市场环境，通过内部交易，把市场的紧张感和活力带到公司内部，让公司各个部门的经营动作都紧紧跟随外部市场，以求各个模块单元在互相帮助、共同进步的基础上，更好地同外部市场开展竞争。比如，上佳公司有新业务、新产品时，各部门通过内部交易为其提供支持，分析业务的经营成本等优劣势。模块单元的共同目标是一致的，内部交易仅仅是一种实现共同目标的过程和手段，是表象，实质是夯实模块单元的经营质量。

明算账是指通过内部交易依据创造的价值进行绩效分配。在企业里，两种角色有着本质的不同，管理者会关注整体，关注每种资源能够带来多少收益，企业整体可能面临多大的风险；员工更多关注自己能得到多少，更多考虑的是个体的销售额等。通过内部交易，模块单元可以实现独立经营、独立核算、自负盈亏，核算模块单元为企业发展创造的价值。比如，上佳公司对模块单元的绩效分配，依据的标准就是模块单元的实际价值贡献与目标价值贡献的对比。通过明算账，上佳公司减少了部门之间的推诿扯皮，降低了企业的协调成本，提高了员工的绩效满意度。

2. 通过内部交易，优化内部循环

从表象上看，内部交易是模块单元之间的买卖关系，卖方模块单元通过提供产品实现收入，买方模块单元通过购入产品实现增值；从实质上看，内部交易是模块单元之间的价值交换，卖方模块单元只有提供能够满足买方模块单元需求的产品才能够实现收入，买方模块单元的需求是市场需求的延伸，买方模块单元只愿意采购满足需求的产品。所以，基于价值交换的内部交易，一方面能够极大地优化企业的内部循环机制，另一方面能够实现从企业战略到战术的落地执行。

上佳公司通过内部交易优化了企业的内部循环机制。首先，内部交易能够让企业面临的外部压力在模块单元之间传递并释放出来，让模块单元负责人从传统定式思维中解放出来，不再只关注产品的成本问题，而是和利润挂钩，这样一来模块单元负责人就必须树立经营思维，从客户的视角看待模块单元的发展。比如，上佳公司在实践中发现，通过内部交易提高了模块单元之间的咬合度，内部交易提供的透明化、公开化的数据会让模块单元关注财务和非财务领域的问题，提高客户、项目或模块单元等经营元素的有机整合度，更容易确立短期目标和远景目标。

其次，内部交易强化了模块单元之间的咬合关系，能够统一思想和认识，形成内在价值系统。在企业内部市场的定位上，不同的模块单元有不同的职责，模块单元之间的割裂感比较强，通过内部交易，在压力传导的背景下，基于内部交易产生的经营数据的流通和交互，密切彼此的关系，让利益关系的绑定程度加深。比如，上佳公司对经费开支的统计和管理，从代表关联的横向维度，明确决策层的方案制定、职能部门的辅助以及每个模块单元的交易过程，这种横向交互关系，匹配单元模块自身的时间纵向管理维度，会产生多个数据，为了确保分摊的公平性，所有模块单元负责人都学会了用系统的思维去分析，避免造成责任方所属不明、经费超额现象等。

最后，内部交易能够实现从企业战略到战术的落地执行。基于价值交换的内部交易，促使模块单元建立一系列因果关系，比如员工培训、流程优化、财务数据、市场满意度等。上佳公司在实践中发展，通过内部交易这些经营数据之间的因果关系，全体员工明白了企业发展必须实现哪些重大目标，能够理顺局部改进工作和企业整体成功因素之间的关系，知晓每个模块单元所制定的局部行动方案与实现经营单位的目标之间的关系，努力完善和改造对企业的战略成功至关重要的流程。重要的是，通过交易数据，上佳公司可以反馈和检验战略制定和战略执行所依据的假设，监督自身战略的实施，并在必要时对战略本身做出适当调整。

（二）外部市场竞争，打造内部经营理念

企业战略是依据企业面临的外部环境带来的机会和威胁以及企业自身资源的优势和劣势而制定的，企业面临的外部环境带来的机会和威胁是企业发展的压力来源。基于上述分析，内部交易可以看作企业战略实施的一种机制，那么内部交易能否传递企业所面临的外部压力，是衡量内部交易是否精准实施企业战略的重要标志。压力的传递不仅仅涉及产品质量、产品定价、产品促销等，压力包括衡量经营成果的经营数据，还包括体现经营理念的市场理念。

上佳公司在实践中证实，内部交易能够帮助企业提高决策的科学性，强化模块单元之间的协调性，形成一种良性的思考模式，增强模块单元和企业的市场生存能力，这一系列结果通过内部交易的经营数据显现出来。上佳公司认为，取得这样的结果，不是单纯看内部交易结果的数据、分析交易结果的数据就足够的，而是要探寻模块单元之间内部交易传递的外部压力，即数据背后的市场理念。梳理上佳公司的实践，内部交易中体现两类市场理念，模块单元之间的关系理念和模块单元自身发展理念，如图5-2所示。

1. 硬能量理念，模块单元之间的关系理念

竞争理念在模块单元之间的关系理念中排在第一位。市场是企业活动的舞台，竞争是市场经济的必然现象，也是企业发展的外在压力。企业要想在市场中获得发展，必须面对竞争，必须树立比较强的竞争意识。上佳公司在把外部竞争压力引入企业内部时，首先考虑的是在企业内部树立竞争意识，通过内部交易，上佳公司让模块单元之间形成了竞争意识。比如，营销部门可以选择上佳公司自有工厂加工制造的产品，也可以货比三家，选择代加工企业制造的产品。

客户理念在模块单元之间的关系理念中排在第二位。企业在竞争中取胜

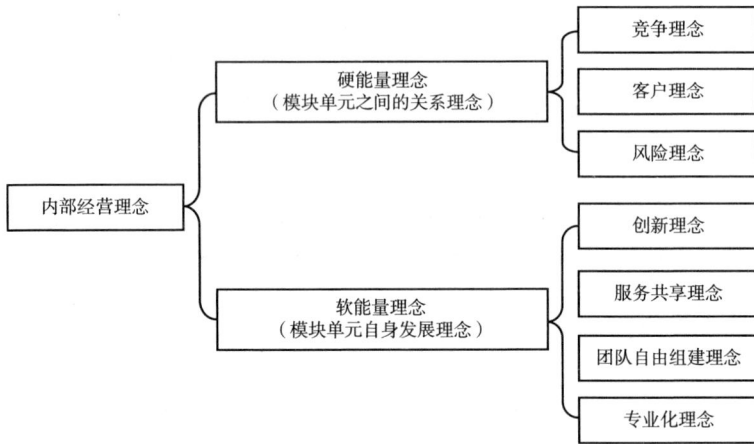

图 5-2　上佳公司模块单元内部经营理念

的法宝是比竞争者更好地满足市场的需求，而满足市场需求的核心就是以客户为中心。上佳公司强调，只有以客户为中心，才能保证内部交易的效应。上佳公司划分模块单元，独立核算的利润中心直接为自己的目标顾客服务，比如生产、制造模块单元将营销模块单元作为自己的客户，营销模块单元把市场中的消费者作为目标客户，费用中心辅助模块也有相对应的服务对象。通过建立客户理念，每个模块单元之间都感受到切实的责任和经营压力，从而形成工作的主动性。

风险理念是模块单元之间进行内部交易时必须具备的理念。任何决策的成功都需要战胜风险，任何决策也都存在失败的可能性，但不能为此而不决策和行动。内部交易可以实现责任分配，分散企业在市场环境恶化背景下的风险，减少亏损。模块单元通过内部交易实现价值量化，其实就是用企业最终的产值利润通过价值链来倒推，最后合理分配到每个模块单元中的一种量化手段，该量化也是对模块单元承担或分散风险的认同。上佳公司在实践中强调模块单元在内部交易过程中，要敢于承担风险，当然，树立风险的观念不是主张盲目冒险，需要以科学的预测和可行性研究为前提。

2. 软能量理念，模块单元自身发展理念

更好地满足客户的需求，是企业谋求生存和发展的必由路径，模块单元必须做到"打铁还需自身硬"，即模块单元一定要想办法把外部竞争的压力转化为动力，在内部形成一种压力，不停地努力提升自我。承接外部市场理念，上佳公司摸索形成的模块单元自身发展理念包括创新理念、服务共享理念、团队自由组建理念和专业化理念。

上佳公司在发展中提出，创新是实现高质量发展的不二法宝。上佳公司的创新包括产品研发创新、经营体系创新和思想创新。产品研发创新是指不断丰富和调整产品组合的宽度、深度和长度，适应外部消费行为的变化；经营体系创新是促使企业的运转更有秩序，本书描述的上佳公司自主经营体系就是一种表现；上佳公司的思想创新非常有特色，是创新公司的内在活力，即最大限度地激发企业员工的工作积极性，让内部爆发生机与活力。上佳公司认为创新的来源有二，其一是经营过程中出现的各种矛盾，其二是对现状的不满足，对应上佳公司的经营理念——精益求精。

服务共享理念是基于客户理念的延伸理念。在买方市场中，求生存的最佳途径是提高顾客满意度，研究发现，再次光临的顾客可为公司带来25%～85%的利润，不满意的顾客则会带来高额的成本。上佳公司在实践中总结经验，要实现模块单元之间咬合的目标，模块单元就必须树立服务意识。构建服务意识会形成一种压力，让员工的利己心态进一步弱化，有利于员工形成大局观念，迫使他们和其他模块单元共同分担工作任务，更多地考虑共同利益。比如，上佳公司制定内部交易价格的过程中，模块单元负责人在充分发挥个人才能的同时，也会兼顾和其他模块单元的共存共生，做出有利于大局的决定。上佳公司的"内部顾客"就是服务共享理念的具象化表达。

打造软能量之最当属团队自由组建理念。上佳公司团队自由组建理念最创新的表现，是模块单元负责人和模块单元的员工能够相互选择，即模块单元成员不是组织决定的，当有人认为这个小组不符合预期时可以离开，去其他团队或者单人成组，当然，如果没有小组接受，就会被淘汰。通过自由组建的双向选择，上佳公司打造了坚实的人才队伍，客观地淘汰了一部分不符合上佳发展需求的人员。

以客户为中心需要做好两件事，一是态度，二是能力，脱离了能力的态度就如同空中楼阁。前述的服务共享理念强调的就是态度，上佳公司认为企业竞争力的体现就是模块单元的专业化能力。比如，上佳公司针对生产模块单元强调一定要强化现场管理，落实现场各项管理制度，开展精细化管理，加强生产运行；针对研发模块单元，要求切实加强工艺技术和基础设备的管理，严格工艺技术文件的正确性和规范原辅料质量。

（三）衡量创造价值，激发企业内部活力

心理学领域的"禀赋效应"强调，人人都会莫名地夸大在实现目标的过程中自己发挥的作用。对企业经营者来讲，实现战略目标不容易，实现目标后如何分配绩效更难。

依据双因素理论，亦称"激励—保健理论"，影响员工绩效的主要因素分为保健因素和激励因素，保健因素包括公司的政策与管理、监督、工资、同事关系和工作条件等。激励因素与工作本身或工作内容有关，包括成就、赞赏、工作本身的意义及挑战性、责任感、晋升、发展等。保健因素获得满足，能消除不满情绪，维持原有的工作效率，但不能激励人们更积极的行为。激励因素得到满足，能够极大地激发员工的工作热情，提高劳动生产效率。

从表象上看，绩效分配是工资薪水等福利待遇的体现。依据岗位等级进行分配，依据劳动时间进行分配，依据劳动数量进行计量，是企业界不断探索形成的绩效分配方案，在企业发展的一定阶段内确实调动了员工的积极性，增强了企业的活力。依据"激励—保健理论"，只有当绩效分配方案体现出员工的工作成就、意义、晋升、发展时，即绩效分配成为激励因素时，才会激发员工个体的内在动能，真正唤醒企业的内部能量。

1. 分解公平公正，避免"不患寡而患不均"

绩效分配的首要标准是公平公正，该标准也是绩效分配最难落地实现的标准。在现实生活中，常有一句俗语"不患寡而患不均"，"均"也不是平

均主义，不是大锅饭，而是"公平""公正"。上佳公司经过多年的探索慢慢发现，内部交易可以"公平""公正"地衡量模块单元创造的价值，可以"公平""公正"地分解企业创造的整体价值，可以"公平""公正"地实现依据创造的价值进行绩效分配。

模块单元之间进行内部交易，就有交易价格，每一模块单元的采购成本就是上游（依据价值链上一工序模块单元）的内部价格，同理，每一模块单元的收入就是下游（依据价值链下一工序模块单元）的采购成本，如此类推，最终企业投放产品到市场上的价格就是市场价格。上佳公司从采购原材料的成本（采购模块单元）开始，到最终的产品售卖（销售模块单元），通过内部交易，不再是一揽子买卖，而是拆分为好几个交易环节，恰好实现每个环节的"利润"计算。

上佳公司通过内部交易，实现了"透明化"的价值分配。每个模块单元对企业总价值的贡献一目了然，避免了模块单元的"禀赋效应"，结合经营会计的内容，每个模块单元还能通过经营会计报表的会计科目数据看到自身模块单元如何创造该价值，有哪些需要继续改进的地方。内部交易带来的"透明化"的价值分解，让上佳公司的绩效分配不依赖预估，不依赖他人创造的参照标准，而是模块单元客观工作成果的体现。

上佳公司通过内部交易，实现了"能力化"的价值分配。就像老师批改学生试卷，有的学生的答案和问题完全不对应，但是他把试卷写得满满的，俗称"没有功劳也有苦劳"。在企业经营中也存在这样的问题，企业中有很多"好人"，工作态度好，投入时间多，但是工作能力较弱，价值创造也不明晰。上佳公司通过内部交易，针对不同的岗位价值贡献，采取不同的绩效分配方案，让员工到手的薪资成为自身工作能力的体现。

2. 模块多劳多得，竞争压力转化内部活力

多劳多得是很多企业和员工奉行"公平""公正"原则的执行标准。其实，"多劳"不是个绝对数，不单单是生产数量多，而且质量要高，要考虑经营成本等，比如原材料、机器设备加工时长、投入时间等，所以，"多劳"是个相对数，是质量与投入的相对数，质量高的多劳是指投入产出比优、单位投入创造价值多。

上佳公司通过内部交易，摒弃了传统的单看投入的绩效分配方式，比如单纯按件按时计量工资，单纯依照销售额计算绩效等，而是依据创造的价值，即模块单元在企业价值中的贡献份额，模块单元实际与计划对比的完成度等进行绩效分配。两者之间的差异，不是数字计量方式的变化，而是计量背后的逻辑差异。

经过认真分析，在当前阶段，上佳公司员工的薪资水平和实际到手的收入，已经基本满足员工的生理需求和安全需求，大部分员工的社交需求也获得满足，正在步入个体的尊重需求。依据需求层次理论与双因素理论的关系可知（见图5-3），激励因素能够满足员工社交、尊重和自我实现需求。激励因素包括成就、责任、成长与发展、赏识、提升和地位等，这些因素都是工作本身带来的影响。

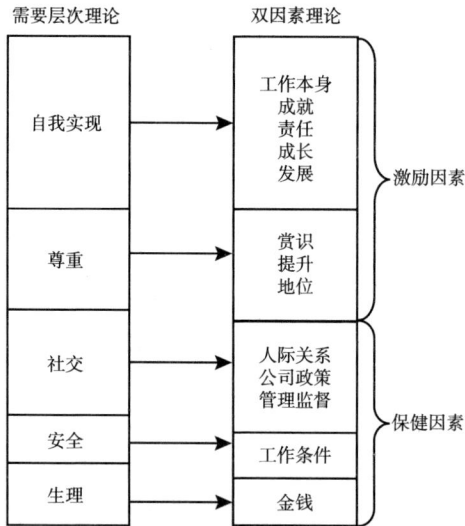

图 5-3　需求层次理论与双因素理论的关系

上佳公司发现内部交易确实为企业积累了激励能量。通过内部交易，上佳公司的员工感受到了工作表现的机会、工作带来的愉快、工作上的成就感，以及由良好的工作成绩而带来的奖励感。上佳公司还发现，内部交易影响了员工对未来发展的期望，提升了员工在职务上的责任感等。不同于"流水作业线"的生产程序和管理方法，内部交易推动模块单元的"工作丰富化"。最终，这些积极因素不但影响了员工的工作动机，而且在后续工作中长期发挥着主要作用，成为工作动机的源泉。

第二节 部门"虚拟利润"，公平公正分配

内部交易的本质，是引入外部的市场机制，让模块单元之间的关系从"交付关系"转变为"交易关系"，通过独立核算，衡量每个模块单元创造的价值。实现独立核算，需要企业有一套完善的经营会计系统，经营会计报表的第一项就是收入，实现收入测量，就需要有产品定价。如果说内部交易是在模块单元之间建立联动效应的必要条件，那么在模块单元之间建立咬合关系的充分条件当属基于外部市场价格的内部交易价格。

上佳公司认为，内部交易价格是衡量各个模块单元产生价值的参照物。上佳公司特别强调，内部交易定价是模块单元价值的体现，不应该是模块单元材料成本的体现。模块单元之间的产品流动，不是基于成本价的单纯交付，而是按照客户（模块之间形成的关系）认同的价值交付。所以，内部交易价格是双方协商决定的内部价格（类似于市场上的讨价还价），这种内部销售和内部采购，验证成本低的产品未必售价低，成本高的产品未必售价高。

虽然内部交易不会为企业带来任何利润，但能够间接为企业在市场竞争中带来经济效益。上佳公司通过内部交易定价，提升了各模块单元对内部资源的有偿使用意识，形成了上佳公司完整的交易价格体系，完善了模块单元有偿服务质量标准，各模块单元获得了"直接"经营效益。更重要的是，依靠交易定价能够明确各个模块单元的权利、义务以及责任。

（一）内部交易定价，经营管理就此起步

稻盛和夫先生说过，定价即经营。模块单元的经营动作从内部交易定价开始，公司培养经营管理人才的落脚点也从内部交易定价开始。如前所述，经营管理是一件"简单"的事情，企业与外部环境的磨合，企业对内部各种资源的排列组合，总结成等式：收入−成本＝利润。

利润是经营管理的结果，收入和成本描述了经营管理的过程。上佳公司从结果和过程这两个视角切入培养经营管理人才，这两个视角的落脚点恰好通过内部交易定价体现。利润高低决定了经营成果好坏，利润一方面取决于被减数，即收入，收入又取决于价格、销量；另一方面取决于减数，即成本，成本决定于过程，过程决定了价值，商品价格又是商品价值的货币表现。所以，定价又衡量了经营管理过程。

1. 定价即目标，衡量经营管理结果好坏

经营管理一定是有清晰目标的一项事务，企业发展的目标可以分为两类：生存目标和发展目标，其更落地的细化目标可能是销售额、销售利润、市场份额、市场增长率、利润增长率等。"额""利润""率"等这类表达，其实都是通过单位产品的单位价格来计算的。企业产品在市场上的价格，不是企业自己说了算，而是受到一系列因素的影响，包括生产成本、竞品价格、消费者需求等。

想要实现上述"额""利润""率"等目标，只有一个法宝，即提供有价值的、市场认可的产品，赢得市场的认同。上佳公司内部交易定价就紧密追随市场的价格机制。上佳公司强调，模块单元之间的采购，一定要依据自身的需求标准，判断产品的质量，进行价格谈判。上佳公司在落地定价的价值标准方面形成了丰富的经验，一是交付的产品有显性的质量规范，比如研发模块单元提供的成品加工技术指标，要具备清晰性、明确性、可操作性等；二是制造模块单元提供的产品要满足交货时间、包装规范、质量达标等质量规范。

这个质量规范，在"交付系统"中是岗位职责的表现，在"内部交易"中是岗位职责和岗位形象的体现。倘若没有其他模块单元采购本模块单元的产品，需要通过行政管理的权力来干涉内部交易，就充分说明模块单元提供的产品是"计划产品"而不是"市场产品"，这个订单是被照顾的订单，模块单元所有员工都觉得不被认可。那么，模块单元就会努力研发，提供有价值的产品。

定价的价值标准体现了上佳公司的落地经验，内部交易价格是双方谈判决定的。在制定年度经营计划时，模块单元之间就开始谈判价格，价格体现的是全员对市场发展的评估和预判，包括企业面临的外部环境中的机会和威胁、企业自身的优势和劣势、竞争者的价格策略、目标市场的需求变化等，这个过程是对上佳公司市场价值的评估过程，也是全员合心了解上佳公司价值分解的过程。进一步夯实价格谈判过程，需要上佳公司模块单元进一步深化。价格只能是价值的表现，不应该是产品成本的加总。

在上佳公司，有一个比较有意思的现象，倘若一个模块单元愿意让利，即降低内部交易价格，这个模块单元会觉得特别荣耀，因为他们提供的产品价值被交易模块认同，且交易模块给出的价格高于自身的预期。通过交易价格，衡量企业的发展目标——创造价值，通过内部交易价格，衡量模块单元的经营结果——创造价值。价值链条上的所有模块单元都以价值进行价格交易，就为实现企业目标提供了坚实保证。

2. 定价即过程，提升经营管理过程质量

内部交易需要价格来链接，价格是交易模块之间相互谈判的结果，利润是经营结果的判断标准。对于模块单元而言，只有当谈判价格大于模块单元的经营成本，模块单元有了利润，才能说模块单元有了价值贡献。内部交易价格对模块单元来讲，其实是衡量模块单元的经营管理过程。上佳公司的模块单元负责人经常会问自己，有没有更好的方式或方法能够降低经营成本。这个自问自答，不是为了降低内部交易价格，而是为了扩大自己的利润空间。

内部交易定价衡量了模块单元经营管理的技术过程质量。技术过程质量是模块单元拥有的有形资源形成的硬质量，包括通常所说的人力资源、物力资源和财力资源，在上佳公司还包括公司平台给予的相关支持资源。模块单元想要创造高质量的技术过程，就需要模块单元所有成员具备了解每一种有形资源的能力，了解不同类型的有形资源如何搭配，或者为实现目标可采用哪些有形资源组合，有多少种组合，每种组合的优缺点，每种组合的限制性条件有哪些等。

内部交易定价衡量了模块单元经营管理的化学过程质量。化学过程质量是模块单元拥有的有形资源和无形资源相结合产生的化学反应，也称为软质量，通常是指有形资源碰撞会产生什么火花，其往往也是创新的来源之一。上佳公司有一些"围炉夜话"，坚持问题导向，把梳理如何解决问题的过程当作激发化学过程的引子，把实践解决问题的过程当作产生化学反应后释放的烟花。比如，上佳公司提出，实现一个目标，最少要有三种资源组合方式，其实就是为了增强模块单元的软质量。

上佳公司实施规范化管理以来，通过内部交易定价提升了企业柔性管理水平。柔性管理究其本质，是一种对"稳定和变化"进行管理的新策略，是一种"以人为中心"的人性化管理。上佳公司通过内部交易定价，把组织意志变为个体的自觉行动，激发了每个员工内心深处的主动性、内在潜力和创造精神，因此具有明显的内在驱动性，从而在员工心目中产生一种潜在的说服力。

（二）内部交易价格体系，知晓改善进步空间

1. 内部交易价格体现价值共创原则

内部交易定价是"我—你—我们"的量尺。内部交易定价具有两面性，从正常逻辑来看，卖方都喜欢价格高一些，买方都喜欢价格低一些。所以，高价格增加卖方利润的同时，也意味着减少买方的利润。从企业整体来看，企业创造的价值是一定的，即内部交易形成的模块单元之间的模拟市场，无论是哪个模块单元虚拟利润高点儿，或低点儿，其实，总量是不变的。内部交易定价并不是绝对的模块单元创造利润的衡量，而是相对利润的衡量，从这个角度来看，内部交易定价是一个多方妥协的结果。

上佳公司在多年的企业实践中，积累的关于内部交易定价带来的虚拟利润产生的弊端可总结如下。在考量模块单元的价值贡献时要理性看待，在具

体的交易中价格一定要合理，因为大家信奉的是道德至上，不能为谋求一己私利而损害他人利益。在竞争中要掌握分寸，特别是生产和销售这样的模块单元，价格的高低本身就决定了己方利润贡献的多少，那么，高层管理者应该适当纠错，合理确定内部交易定价，防止因为某个负责人的性格因素造成小组的决策失误。

上佳公司强调，不能片面追求附加值，为了业绩考核而造成各个模块单元之间的恶性竞争。比如，有的附加值高的模块单元负责人会得到差评，因为其为了谋求自己的利益出卖了组织的利益，虽然附加值提高，但不能给予奖励。如果只强调单位时间的附加值，很可能会伤害员工的工作积极性。所以，基于现场的经营会计体系，其成功之处不在于制度和体系，而是思想内核。模块单元之间不是你死我活的竞争关系，它只是一种相互激励的内部比拼模式。

所以，模块单元之间的内部交易定价，并不是固定不变的，而是随着经营的实际情况进行动态调整。在制定企业年度经营计划时，所有模块单元都要对未来的发展、外部环境的变化进行充分预估，认真讨论和分析，尽可能把外部的高度不确定性转化为内部的高确定性。不过，把外部市场的不确定性转化为内部的确定性，这本身就是一个矛盾，动态调整内部交易定价，可能确实是一个不错的解决矛盾的方式、手段和方法。

2. 内部交易定价指导内部业务流程

内部交易定价的背后是确定标准，看利润多出或减少部分和哪个利润中心相关。从交易定价开始，其牵涉到成本核算、利润目标实现、产品质量保证、生产安排等，一个模块单元相当于一家"真实的企业"，内部交易定价成了培养经营管理人才的土壤，企业 PDCA 循环改善的落脚点是模块单元，改善进步的起步点是内部交易定价。通过内部交易定价，上佳公司的模块单元为自身的业务流程制定了目标和细化指标，制定这些目标和细化指标的过程，是上佳公司模块单元当前的经营系统和传统的业绩衡量系统的区别之一。

早前，传统的业绩衡量系统基于现有的责任中心或职能部门，重点关注控制和改进现有流程，大多数强调财务指标和每月的差异报告，更偏向于依赖相应的财务数据控制部门经营，依据财务数据进行经营决策，其局限性是众所周知的，基于单个部门的财务数据开展决策判断更是有着极大的局限性。

目前，上佳公司已经不再单纯将财务结果的差异分析作为主要的评价和控制手段，逐渐开始采用质量、良品率、生产量和周转期等指标来完善财务评价。这种业绩衡量系统，针对仅靠月份财务数据差异进行评估的方法，显然是个进步，但是其仍旧注重提高单个部门的质量业绩，还是没有关注到企业作为一个整体的质量评价。

当前，上佳公司通过内部交易，实现了对企业整体业务过程质量的衡量，采用多个指标对跨功能和一体化的业务流程进行评价。通过内部交易，从业务发生的流程角度，构建跨部门、跨功能的评价指标，包括对订单供货、采购、生产计划和控制等跨越数个组织部门流程的业绩的衡量；从部门职能的角度，构建提高部门自身质量的指标，包括衡量成本、质量、生产量和时间等。

内部交易定价实现了独立核算，让企业和员工的利益都得到最大化。首先，直接和市场环境挂钩，对员工技术能力、勤劳程度的考验更接近竞争的实际需求。其次，确保财务数据的准确性，传统的管理机制中，员工的工作效率不直接与财务数据挂钩，在内部交易经营模式中，每个模块单元都能体现出精确的财务计算价值，便于企业查漏补缺。一旦发现问题就能具体聚焦在某个生产单位上，而不用费尽心思逐个环节、逐个部门地排查。

内部交易定价实现了透明化经营。通过内部交易定价的量化，首先避免让埋头苦干的员工不被重视而让善于表现自我的人成为功臣，其次让大家的目标统一，积极寻找问题的根源并解决问题，保持员工的工作积极性，杜绝攀比心和嫉妒心，让每个人积极完善自我。

（三）目标管理落地，绩效分配有理有据

制定目标，是企业经营中非常重要的一个环节。如果把企业这个组织比喻为人体，那么，目标就相当于脑细胞，像司令官一样发出指令，组织的各个单位和个人，都围绕该指令开展工作。目标是企业经营"必须达到"的数字，经营目标是经营者的意志。如何"传递目标"是让经营者头疼的事情，如何"实现目标"是让经营者更加头疼的事情。目标在很多部门或员工眼里，可能就是个数字，对于该数字"怎么来"，该数字"如何实现"以及"能否实现"，大多数员工是模糊的，作为决策层面的部门负责人更多考虑的是做好"部门职责"内的事，作为执行层面的员工更多考虑的是"做好分内（岗位）的事"。

1. 内部交易作为"信息通道"助推目标落地

企业作为一个由若干部门和若干个体组成的组织，能否实现组织目标依赖于这些部门和个体是否组成团队，能否组成团队取决于成员能否接收到企业经营信息，包括企业全局信息、部门信息、经营结果信息、经营过程信息等。在传统的经营形势下，企业采用很多方式方法来实现信息传递的及时性、准确性，企业期望根据这些信息做出正确的经营决策。比如，企业采用零库存理念进行价值链的梳理，采用财务会计理念对经营活动进行记录，这些信息在企业经营的某个方面确实发挥了非常大的作用。

但是站在整体的角度，从立体的视角看，这些方式方法有点"横看成岭侧成峰，远近高低各不同"的味道。全面、全局、立体、全方位、客观、系统的信息通道是企业制定正确经营决策的充分必要条件。该信息通道应该实现正确、及时地传递领导者在思考什么，瞄准的目标是什么等信息，且该信息通道还应该发挥自我监督的效应——能够促使员工判断自己的行为是否能够实现目标。内部交易对上佳公司而言，推动形成了公司的经营信息通道和数字信息通道。

内部交易形成了上佳公司的经营信息通道。通过内部交易，上佳公司建立了一个系统链条，实现了从战略到特定的财务目标的经营信息通道。依据平衡记分卡模型，从战略到特定的财务目标需要四个关键环节，即学习与成长、流程、客户、财务。通过内部交易，各个模块单元为了实现模块单元利润最大化，会努力提高自身的工作能力、技能，模块单元成员工作能力的提升会带来显著的企业内部流程优化，势必提高客户的满意度，从而实现企业的特定财务目标。各个环节为公司带来的客观经营信息，助推上佳公司做出客观的决策和判断，比如如何投资于员工的知识更新、信息技术和系统、企业管理程序优化完善等。

内部交易塑造了公司的数字信息通道。企业的战略实现依赖于长期经营目标，长期经营目标的实现依赖于年度经营目标，年度经营目标的实现依赖于模块单元目标。基于公司内部管理，依据年度经营预算，建立年度经营目标模块单元费用预算表。在目标落地实现的过程中，基于经营会计（第七章），形成一系列表格，一方面记录了上佳公司的经营现状；另一方面也形成了公司的数字信息通道，对公司了解外部市场状况、了解内部经营情况发挥了重要作用，上佳公司依据这些信息，做出了明智的经营决策。

2. 内部交易作为"孵化创新土壤"，由绩效分配体现

企业的发展离不开创新的支撑，创新是决定公司发展方向、发展规模、发展速度的关键要素之一。在企业管理中，打造创新的环境是非常重要的一项内容。创新是基于企业实践的创新，要和企业实践紧密结合，企业实践是有意义的创新的来源。上佳公司通过内部交易，不仅能够对企业的实践过程进行详尽描述，而且形成企业创新的发源地。李战胜董事长说："通过内部交易，上佳公司的经营管理人才培养和企业流程创新等，都取得了非常显著的进步。"

内部交易成为上佳公司"系统性创新的实践土壤"。企业创新涉及组织创新、技术创新、管理创新、战略创新等方面，而且不是孤立地考虑某一方面的创新，而是要全盘考虑整个企业的发展，因为各方面的创新有着较高的关联度。通过内部交易，可以发现现有经营中存在的问题，而基于问题的决策往往能够发现创新萌芽，由于内部交易具有系统性，所以，创新的萌芽就具备系统性创新的基因。比如，上佳公司特别强调，在企业经营或管理的应有状况与实际状况的差距中，找到企业发展的新机会。这种新机会往往是在全面调查（即企业实践数据）的基础上发现的创新机会，有助于提高决策的工作效率，并确保决策方案的质量。比如，来自内部交易的"上佳公司项目提案"就是上佳公司的创新土壤。

内部交易成为上佳公司"整体性创新的氛围土壤"。创新不是研发部门的事，不是某一个人或某一个模块单元的事，是所有部门、所有员工的事。从公司管理到具体业务运行，企业创新贯穿于每一个部门、每一个细节中。想要整体性创新，就需要共享信息。共享信息为整体性创新提供了必要条件，内部交易又为共享信息创造了充分条件，所以，内部交易是整体性创新的氛围土壤。基于企业文化传播视角，内部交易能营造企业创新文化氛围，传播、深化和传递企业创新文化。

内部交易成为上佳公司"实现创新价值分配的土壤"。绩效分配是企业管理中非常重要的一项课题，公平公正地分配绩效才能起到激励作用，公平公正分配绩效的依据是创造的价值。以往的绩效分配方案确实是以价值链为依据，但是针对创新价值往往无法准确测量和考核，所以无法实现创新价值的公平公正分配。内部交易形成的虚拟利润，能够客观地体现模块单元的创新价值。模块单元在召开经营分析会的时候，实现模块单元小目标的时候，每次实现目标的过程就是上佳公司孵化创新的过程。模块单元在进行内部交易时，就在为创新价值的衡量做铺垫。

第三节　落实"内部交易"，依赖一二三步

内部交易有效地传递了市场压力，在企业内部模拟了外部市场竞争状态，在企业内部引入了外部市场机制，让内部两个模块单元像"独立"的小企业一样，将原来的工序交付关系转化为价值交换关系，相互之间进行产品或服务的有买有卖的经营活动。通过内部交易，可以客观、准确地测量每一个模块单元创造的价值，一方面打破了传统的对模块单元创造价值的定性描述，另一方面采用创造价值的数字化表述和评价。

搭建内部交易链条，首先要"大化小"，即把公司大组织划分为若干个模块单元，为内部交易创造必要条件——交易方；其次要"繁化简"，模块单元用通俗易懂的简洁科目描述日常的经营活动，所有模块单元经营活动的会计科目形成公司层面全面的经营会计科目，该步骤为内部交易创造了充分

条件——交易内容；最后要"定价格"，模块单元之间完成交易的媒介，也是模块单元创造价值的结果——交易利润。该过程如图 5-4 所示。

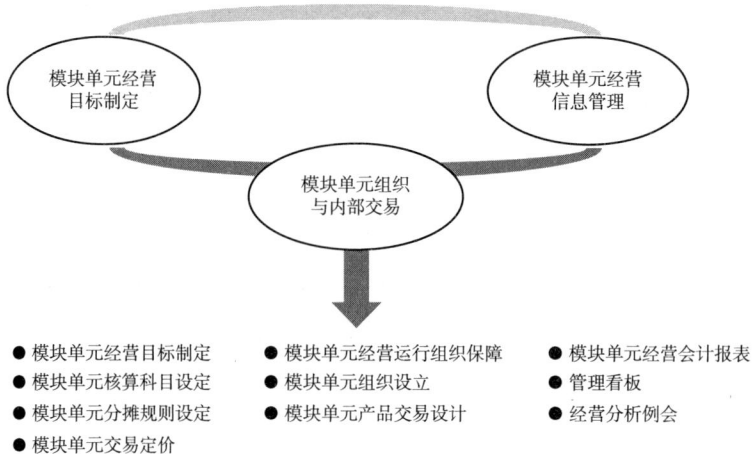

图 5-4　内部交易三部曲

（一）组织划分，奠定内部交易必要条件

　　组织划分更重要的是实现了解放老板、复制老板替身的目的，是培养经营人才的重要路径和手段。

——李战胜

　　实施内部交易的第一步是厘清企业内部存在的交易关系，简单来说就是谁与谁可以进行交易，交易的是什么产品或服务。模块单元之间可能存在复杂的交易关系，只有清晰地将企业内部的所有交易关系厘清出来，才能够准确无误地确定每一个模块单元的收益。搭建内部交易链条的必要条件是得有交易双方，从显性结果来看，首先要"大化小"，即把公司大组织划分为若干个模块单元，每个模块单元都有自己的经营者，各个模块单元的经营者都会更认真地思考企业的发展问题。

　　从隐性结果来看，通过划分模块单元，企业能够把组织目标一步一步分解到创造价值的模块单元链条中，一层一层落地到创造价值的组织机构中。模块单元的经营者会比任何人都更加积极，并且认可企业制定的目标，认为该目标是一个"必须达到"的数字，这时候企业就会生机勃勃。组织划分，不是简单地对一个整体进行切割，而是能够实现组织宏观目标的划分，目标包括销售额、销售利润、销售增长额等。通过模块单元之间的交易，保证实现目标是企业每个部门、每个员工的事情。

从显隐结合的最终结果来看，组织划分必将提升企业的韧性。把一个大组织划分为小的模块单元，缩小编制让管理的力度变小，每个小组都具有独立生存和应对外界刺激的能力。在规模化的公司中，传统管理方式的弊端正在逐步显现，比如传统的流程分权容易"一抓就死，一放就乱"；制度规定得太细，流程太细，就容易把企业管死；流程不细，就容易管控不到位。组织划分，其实是搭建了员工之间的竞争舞台，一方面充分体现小组织的"个性、尊重、归属"特性，另一方面充分发挥小组织的"灵活性"，换句话说，实现目标的过程中创新就此诞生。

上佳公司从创造价值的角度出发，对公司进行组织划分，把一个整体划分为若干个小的模块单元，在模块单元之间通过导入外部竞争机制，构建了虚拟的市场交易，让员工参与"市场实战"，通过算账、关注成本和利润，提高员工解决实际问题的能力和处理突发事件的应变能力。组织划分一方面形成了公司合力，让员工朝着正确的方向奋进，对于切实保障企业整体目标的实现是必不可缺的；另一方面让员工知道公司整体的状况，明晰将会遇到的困难以及经营上的难题，提升了团队的竞争力。

（二）经营会计，创造内部交易充分条件

> 有一句俗语："是骡子是马，拉出来遛遛。"经营会计是衡量"骡子"和"马"的标尺。
>
> ——李战胜

组织划分结束，就要考虑如何衡量每个模块单元创造的价值。模块单元创造的价值，取决于两个条件：一是模块单元收入多少，二是模块单元付出的成本或代价多大。模块单元的收入取决于模块单元产品的定价，模块单元的成本就是模块单元经营活动中的投入。为公平衡量模块单元创造的价值，企业需要进一步建立一套简便易行、通俗易懂的沟通工具，且该工具一定要成为企业整个组织、所有部门和员工的共同语言。上佳公司通过经营会计，构建了内部交易机制的充分条件，贯穿于企业所有模块单元的价值衡量、价值创造环节。

经营会计是关于经营活动投入的数字化表述，也是目标实现过程的监督者。企业有了明确的销售利润率目标，增加利润则有两个途径，提高售价和降低成本，提高售价彰显对市场的掌控能力，降低成本体现企业内部管理的能力。上佳公司采用经营会计这个工具，倒逼模块单元一方面努力提升自身的内部品牌溢价，另一方面极力降低经营活动的成本。对于模块单元是"马"还是"骡"，则需要通过经营会计在公司平台进行衡量。

经营会计能够成为增收节支的工具，缘于经营会计实现了内部交易传递外部竞争压力的功能。内部交易有一个非常显著的功能，即传递外部市场竞争压力到企业内部，促使企业内部了解外部市场的情况。经营会计无疑是非常好的一个传递载体。首先，与外部市场直接接触的模块单元，会以经营会计中的成本支出项目将市场信息直接传递到企业内部的模块单元，以此类推，市场信息借助经营会计，被及时准确地传达到生产现场，模块单元改善现场管理的依据和压力就此产生。其次，经营会计具有的独立核算功能，促使模块单元建立核算成本的意识，培养一线员工在日常工作中主动控制成本。

上佳公司根据创造价值的经营活动过程，梳理了公司的经营会计科目，对会计科目的核算内容进行详尽清晰的描述，通过收入科目和费用成本科目核算了每个模块单元的利润。模块单元在经营分析会上通过会计科目、通过具体数据，让员工清楚地了解其所在模块单元的详细情况，重要的是知道自身所处模块单元在企业价值创造中发挥的作用有多大，这种做法避免了"敝帚自珍"效应。通过经营会计，上佳公司客观地衡量了模块单元创造的价值。

　　上佳公司在运用经营会计这一工具的过程中，还收获了一个暗默知识——实现了量化分权。为了实现预想的"利润目标"，模块单元会在经营过程中，充分考虑各种不确定因素，制定周详的计划；公司层面针对特定的模块单元，确定具体明确的绩效合同，给予经营管理权利，并在全过程中进行费用、业绩的管理，事后再进行分析和评价。在上佳公司经营管理的PDCA循环周期内，每月、每季度、半年等都会根据经营会计数据，评价分析数据背后的经营本质，优化调整量化分权。

　　（三）交易定价，实现模块单元价值体现

　　　　内部交易定价是内部交易的最后一个环节，确定大家都能接受的交易价格是科学与艺术的结合。

　　　　　　　　　　　　　　　　　　　　　　　　　　——李战胜

　　内部交易的最终实现决定于内部交易价格的确定，换句话说，内部交易的前提是确定好各模块单元之间的产品和服务价格。内部交易价格是衡量价值的一把标尺，内部交易虽然不会产生真正的利润，但是把整体的利润以交易的方式分配到相应的模块单元中，从而实现责、权、利的统一。各个模块单元通过参与制定的内部交易价格，了解各项成本费用的构成，从而也就更加有目的地控制自己部门的成本费用。通过内部交易价格，从过去的管理思维、过程导向转变到经营思维、结果导向。

　　从积极的角度来看，定价是产品竞争力的体现；从消极的角度看，交易价格这个数字是一把双刃剑，一方收益意味着另一方受损。充分发挥价格的积极效应，弱化价格的消极效应，上佳公司在经营过程中又收获一个暗默知识——强调在制定内部交易价格时，要怀有利他之心。模块单元要通过制定内部交易价格的利他之心树立竞争力。上佳公司认为，"利他之心"不仅是一种人生豁达的境界，更是企业竞争力的源泉。

　　制定价格时"利他"，表面上看是让利于对方，实质上是为了在让利的基础上实现自己的利润目标。模块单元必须努力创新，一方面提供高质量的产品以提升价格，另一方面降低自己的成本，两者其实都是为了打造模块单元的竞争力。上佳公司一直强调，在企业经营中，只有做了有利于员工、客户的事情，才会得到同样的回报，经营才会得心应手。上佳公司把这种"利他"渗透在模块单元的定价中，促使模块单元从局部注重自己的条块思维转变为注重整体的考虑他人利益的系统思维。

上佳公司在制定内部交易价格时，强调内部交易价格是表象，企业可以透过表象看到本质——内部交易价格实现的目的。通过内部交易价格可以打造模块单元的竞争力，但是企业的经营不会是一帆风顺的，不会每次都产生"正利润"，对于模块单元而言也是如此。站在利他的角度，站在成长的角度，上佳公司强调的不是没有利润的订单都不做，而是要看到"负利润"对模块单元竞争力的意义。

上佳公司的某些产品处于竞争激烈的赛道，客户的期望价格好像永远都低于产品的售价，如果按照客户期望的价格接受订单，该产品很可能让企业蒙受一些损失，但是否放弃订单，上佳公司有自己的判断标准。比如，若该定价能够创造现金流，能够识别企业服务的客户群体和市场需求，或者有助于发现获得突破性业绩的关键流程等，这类订单就不能单纯依靠外包的方式。因为，从长远发展的角度看，要想积累长期的优势，在企业内部形成制造业的核心技术，就要在企业内部构建制造现场，通过增强员工的专业能力提高单位时间的附加值。

内部交易实现了外部市场压力向企业内部的传递，打造了一个人人为实现目标而奋斗的模式，内部交易是组织划分和经营会计的链接点，如果说组织划分实现了组织的韧性，经营会计实现了经营活动的客观性，那么内部交易就实现了组织的竞争力。通过内部交易，企业可以客观、清晰地划分模块单元的价值贡献，模块单元也可以透彻地了解自身的竞争力并发现自身的优劣势。

第六章
上佳人"会算账"
——大收入+小成本

上佳大平台，人人做贡献

乱花渐欲迷人眼，透过现象看本质。世界看似复杂，其在本质上遵循着一定的原理和原则。具备从复杂的现象背后看到本质的能力，在生活中是难得的隐性知识，如果还能用简单的显性知识表达出来，成为指导实践的工具、手段或方法，就成了个人心智成长迭代升级的源动力。简单的本质投影于现象界，表象上会呈现复杂性，抽丝剥茧找到最核心的本源，实乃一件令人兴奋之事。

企业经营也一样，从组织架构看，是不同职能部门的排列组合；从价值链条看，是实现价值创造流程中各个节点的串联；从结果来看，是一个团队齐心协力实现共同目标的过程；从形式来看，是企业根据自己所拥有的资源与外部环境相互融合实现发展的载体。这些简单描述的背后，是一个环环相扣的复杂系统，任何一个部门或成员的一个举措，都可能在不同的时间、不同的空间，对系统中的不同主体产生这样或那样的影响。

经营是对企业的经济活动进行筹划、设计与安排等，企业活动具有规划、组织、管理等含义。规划涉及企业长期发展的战略性，解决企业发展方向、发展战略的问题，具有全局性和长远性特征。组织则是根据企业的资源状况和所处的市场竞争环境，从企业所处的内外环境条件出发，对自身资源进行安排筹划。管理涉及组织高效配置所拥有的人力、物力、财力等资源，以最小化支出实现既定的目标。

上述描述都是对具体的、具象的经营活动进行的抽象概括。企业的经营管理是动态的、整体的、过程性的，找到对一直处于动态过程的整体进行完美呈现的方式或方法，就是对现象背后的本质的探索。上佳公司借助经营会计把经营的本质展现出来。

第一节　规范"经营流水账"，实现数量显性

企业管理者需要对企业未来的发展进行战略指导，需要参与日常经营工作，需要对当前的市场环境做出准确的判断。实现做好这一系列工作的基础或支持条件，是企业家梦寐以求的事情。从泰勒的科学管理开始，经营管理者不断探索如何改进管理，如何提升生产效率，如何满足消费者需求，如何在竞争中取胜，这一系列追求都有一个共同点，关注的都是结果。结果衡量的是过程的产出，探究结果这个现象背后的本源，需要对过程进行及时、具体、完整、清晰的记录、呈现和计量。

如果能够利用数据对经营过程进行记录、呈现和计量，那么人人都看得懂的数据就是企业经营状况的晴雨天，从数据根源（经营现象）出发，改变数据整合（经营现象呈现的结果）的方式，就可以准确了解公司的实时运营情况。上佳公司借鉴了日本稻盛和夫先生创造的阿米巴经营会计方法，即通过经营会计获得企业经营的内部数据，让数据在每个人的工作流程中发挥作用。通过经营会计，在上佳公司人人都学会了算经营账，每个人都能做报表。

（一）导入经营会计理念，数字表达经营性

1. 经营会计成为经营思维的抓手

会计是把企业的各种经济业务，统一成以货币为计量单位，通过记账、算账、报账等一系列程序，来提供反映企业财务状况和经营成果的经济信息。从会计的定义可以看到，会计反映的是经营的结果，类似于球类比赛的记分牌，可以呈现输赢的结果，比如哪项业务有了多少收入，哪项业务亏损多少。

经营会计则以促进经营为目标，确保企业会计核算能够表现出清晰的收益与折损，及时发现经营漏洞，利用精细化核算，把经营问题看清看透，进而改善经营管理，提高企业经济效益。经营会计为企业提供的经营数据是不加任何操作，唯一可以反映经营情况的真实数据。损益表和资产负债表的所有项目以及明细账数据使人一目了然，真实反映公司经营情况，为企业经营管理提供一系列有用的信息。

基于上述分析，传统会计以"数字"为中心进行管理，经营会计以"数字"为中心进行业绩提升，透过"数字"看到影响经营的因素。传统会计是一种过后的事务处理，其不能简洁准确表达当前的经营状况，亦不能及时报告，所以无论结算处理得多么正确，对经营决策者而言都无法直接下手协调经营，解决经营中的问题。经营会计把数字当作经营策略的载体和信息来源。比如，月度结算并非根据月末的核算表进行统计，而是依照每天的小数据加以积累，确保当日的订单、生产销售等经营信息都及时得到反馈。这样就能对企业的经营前景做出预判，从而积极应对市场的变化。

传统会计和经营会计看重的"中心"不同，二者之间的差异性在各个方面都有所体现。传统会计的分析主体是企业的专业部门，常见的是财务部，采用的是部分行业的专业术语，报表的框架内容专业性很强，只有专业人士和极少数人才能看懂。传统会计是"当前对过往的结果"描述，存在较强的时滞性，及时性差。

经营会计的分析主体是工作场景的主导者，每项数据统计来自工作的实际生产或管理过程，采用的是人人都懂的工作语言，报表的项目内容通俗易懂，在工作中不同部门之间不会存在障碍。经营会计是"当前对当下的过程"描述，及时性强，指导意义大。经营会计报表反映的是经营状况和管理秩序，强化分析决策对企业的重要性，同时为管控和考核做好准备。

经营会计从本质上看就是让每个员工都学会算账、每个人都能做报表，让数据在每个人的工作流程中发挥作用，以便于在企业内部形成良性循环。稻盛和夫先生认为这些数据能够真实地反映企业历年来的经营状况，所以他高度重视企业的内部大数据，包括当下的每日、每周、每月数据，还包括企业发展过程中的历史数据。

企业经营是根据市场需求状况，从本身所处的内外部环境条件出发，对企业的经济活动进行筹划、设计与安排等，具有目的性、全局性和长远性的经济活动。经营思维就是站在经营者的角度，统筹考虑企业如何发展。经营思维的打造就是要让企业员工像经营者（一般是老板）一样，像经营企业一样经营自己的岗位工作。上佳公司把经营会计作为经营思维打造的有力抓手。

首先，通过经营会计提升了员工的经营思维软实力。经营会计产生的原始经营数据，是真实可信的一手资料，能够让每一个员工清楚所在岗位的现状，认清经营中存在的问题，从而查漏补缺、强化工作能力。对企业系统而言，经营会计帮助企业进行高效率的内部革新，完善经营体制，提高企业创造利润的能力。

其次，通过经营会计提高了企业对外部市场反应的灵敏度。建立在单位时间核算制度基础上的经营会计，产生的是公开透明的经营数据。该经营数据能够准确地呈现每个部门的盈利状况，并统计出单位时间附加值。一方面该一手资料能够实现信息对称，让整个生产流程在公开透明的机制下健康运行，另一方面这种直观的呈现方式有利于企业的决策层和模块单元的负责人快速做出决策，减少沟通成本和中间环节，加快企业对市场的反应速度。

最后，通过经营会计打造了经营思维隐性知识同化途径。企业员工可以根据经营会计数据的变化，发现生产销售、管理等环节出现的问题，及时分析问题，制定决策。这种收集数据、发现问题、分析问题、评估数据、制定决策等有理有据的经营思维是企业非常重要的隐性知识财富。经营会计通过经营活动分解、会计科目内容确定、经营数据收集、经营数据分析等一系列活动，为上佳公司经营思维隐性知识的同化打造了一条非常有效的途径。

2. 数字衡量经营过程一目了然

> 无论是在公司还是出差，我都第一时间看每个部门的《阿米巴经营会计报表》。通过销售额和费用的内容，就可以像看一个一个故事一样明白那个部门的实际状态，经营上的问题也自然而然地浮现出来。
>
> ——稻盛和夫

经营会计非常重要的逻辑是答案永远在现场，现场是员工的活力场。

经营会计透过"数字"可以看到经营本质——客观过程。经营会计专注于企业主要经营活动，对其真实活动进行实绩反映、决策支持与实时控制。经营会计主要关注经营的实时状态，依托单位独立经营体系，以"收入-经费＝利润"三要素，客观描述经营过程，通过收支及差额流水簿记，输出经营损益表和单位时间附加价值结算表。将需要统计的数据统计完，且在众多的分类项目中建立逻辑关系，这样从整体上对数据进行客观分析。

经营会计通过"数字"进行经营分析——业绩管理。经营会计建立组织计划、执行、检测与改善标准，依此为根据对经营活动做出分析和评价，对部门实绩损益精细管理，改善经营和管理漏洞，准确地做出经营决策，提高企业经济效益。业务管理常用的手段和工具比如全面预算、标准管理、本量利分析、作业成本法、平衡计分卡、绩效考核等都是经营会计的手段和工具。

非会计专业者透过"数字"能够一目了然地看到工作过程。一方面，由于经营会计通俗易懂地描述工作实际状况，且计算简单，非会计专业者也能从统计数字上发现数据变化所隐藏的内容，比如生产效率是否下降，员工工作态度是否积极等，从而及时拿出应对方案。另一方面，经营会计让财务和财务之外的指标从孤立的关系变成联合的关系，能够互相呈现更多的信息，在对此加以分析的基础上将企业的战略思想融入工作方法中。

部门经营者透过"数字"能够一目了然地做出科学决策。生产部门的经营者，通过直观的数据对生产现场状况了如指掌，从而有针对性地找出阻碍利润提升的症结所在。销售部门的经营者，从产品分门别类的直接销售数据中看到市场环境的变化，让企业从决策层到执行层都快速调整生产计划或者销售策略，增强抵抗突发事件的能力，加强企业对市场的及时反馈能力。

企业经营者透过"数字"能够一目了然地进行系统思考。传统的绩效管理是让每个部门完成考核规定的目标，最关键的是这些考核目标缺乏连通性，A 部门的目标与 B 部门的目标没有横向联系，整个企业的数据采集是孤立的和片面的。经营会计将产品或服务的内部定价作为计算基准，整个公司作为系统和整体，让复杂的数据变得简单，让模糊的市场动态变得清晰，从而让企业上下实时了解整体的状态和发展变化。

经营会计是基于牢固的经营哲学和精细的独立核算方式，通过与市场直接联系的独立核算制，直接以促进经营为目的，实现全员参与。上佳公司通过经营会计，实现了"一目了然地掌握实际经营状况""通过量化的数据贯彻经营者意志"的目的。

（二）分析经营会计报表，人人都是经营者

经营会计是依据描述企业真实经营情况的数据，旨在提升企业经营能力、经营收益的会计模式。经营数据相当于反映市场的嗅觉器官，它可以准确地呈现市场上的变化，比如价格波动、产业升级、客户需求等。通过经营数据可以实现层级管理、组织细化、全员参与、自主经营。

1. 经营会计报表的结构和内容

经营会计报表包括损益表和单位时间核算表，这两类报表依据的是收付实现制。收付实现制是以现金收到或付出为标准，来记录收入的实现和费用的发生，即收入和费用的归属期将与现金收支行为的发生与否紧密联系在一起。对应收付实现制的是权责发生制，权责发生制以权利和责任的发生来决定收入和费用的归属期。采用收付实现制确定企业的收入、费用及利润更具客观性和可比性。

经营会计损益表反映的是企业整体及其内部各部门的经营状态和经营成果。经营会计损益表的结构包括产出和投入两个部分，投入包括变动费用和固定费用两个部分。变动费用是指与销售收入成正比发生的费用，是流向企业外部并获取经营利润的费用，或者说是为获取销售额而必须支出的费用，比如商品成本、促销费等。固定费用是为了维持体制现状，企业必须支出的费用，即使销售额为零也要发生的费用，比如设备费、固定利息等。

经营会计损益表的逻辑（见图6-1）可以用两个等式概括：

$$边界利益=销售额-变动费用$$
$$经营利益=边界利益-固定费用$$

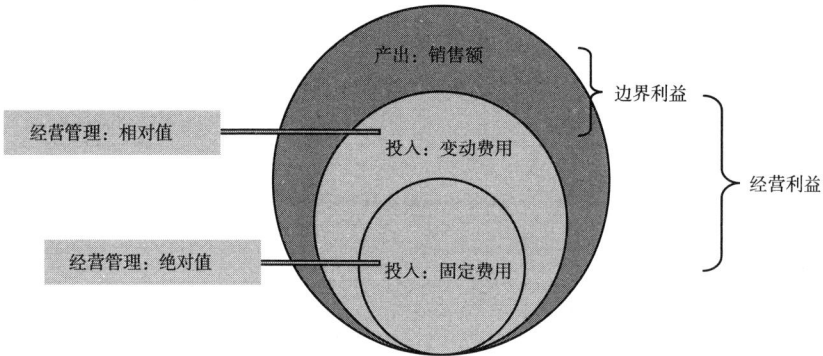

图 6-1　经营会计损益表逻辑

资料来源：本研究整理。

经营会计单位时间核算表反映的是各个内部交易单元的经营动态、结果和效率。单位时间核算表中通过"附加价值"来衡量经营成果，附加价值是指销售额中减去生产产品所用的材料、机械设备的折旧费等。单位时间附加值是用总的附加价值除以总的劳动时间，即每个小时的附加值。如果交易单元的单位时间附加值低于单位时间平均劳务费,就说明该交易单元亏损,如果超出单位时间平均劳务费就表示盈利。

单位时间核算表(见表6-1)的逻辑可以概括为如下三个等式:

$$附加价值=销售额-费用$$
$$单位时间附加值=总附加价值÷总劳动时间$$
$$总劳动时间=正常工作时间+加班时间+单元内及分摊公共时间$$

表6-1 单位时间核算表

项目			单位:万元
销售额	对外销售		
	对内销售		
	总额		
内部采购			
销售净额			
费用	变动费用	原材料	
		其他	
		电费	
	固定费用	部门内	
		部门间	
(附加值)经营利益			
工时(小时)	正常		
	加班		
	分摊	部门内	
		部门间	
月均总人数			
月单位时间核算			

资料来源:本研究整理。

从上述分析可以看出,经营会计损益表和单位时间核算表是站在经营者的角度设计的会计报表,结构简单、逻辑清晰,一目了然地呈现数据链条和数据板块,经营者可以轻松理解并使用。经营会计损益表和单位时间核算表都在践行"收入最大化、费用最小化"的理念,且使用的会计科目通俗易懂，成为企业所有非会计专业技术人员相互交流的一个统一工具。经营会计损益表中清晰呈现销售额和费用是如何产生的，利润从何而来，为所有员工点明了"人人都是经营者"的努力方向。

2. 上佳公司确定经营会计报表

> 利润就是销售额减去费用得到的结果，企业要努力做到开源节流，开源就是实现收入最大化，节流就是费用最小化，这样，利润就随之而来。
>
> ——李战胜

会计科目是经营会计的重要组成部分，它是针对会计要素的内容按照经济管理的要求进行具体分类核算和监督的项目，是编制会计凭证、设置账簿、编制财务报表的依据，是对经营活动各项会计要素的增减变化进行连续、系统、全面核算和监督的基础。搞好会计科目的设计，对保证会计制度的设计质量、会计工作的完成质量以及充分发挥会计的职能作用具有重要意义。

会计科目设计包括会计科目表和会计科目使用说明。会计科目表的设计主要是解决会计科目的名称确定、分类排列、具体编号等问题，会计科目表的作用是帮助人员全面掌握和正确运用会计科目。会计科目使用说明是对各个会计科目的核算内容、核算范围、核算方法，明细科目的设置依据及具体明细科目设置，关于该科目所核算内容的会计确认条件、时间规定、会计计量的有关规定。

经营会计的会计科目包括三大类：收入类科目、成本类科目、收益类科目，该一级科目下还包括二级科目和三级科目（见图6-2）。收入类科目是指销售额，包括对外销售、对内销售；成本类科目中变动费用包括商品成本、运输费、销售手续费、促销费等，固定费用包括人工费、设备费、固定利息等。收益类科目包括边界利益、经营利润等。这些科目之间的关系如表6-2所示。

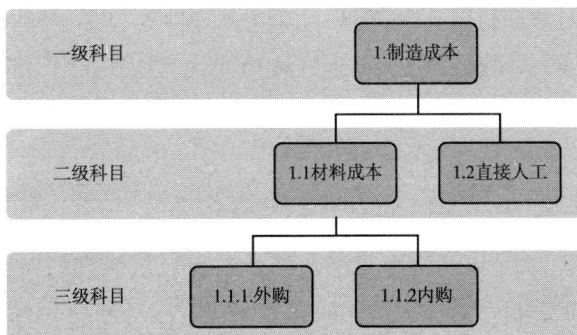

图 6-2 经营会计科目

资料来源：本研究整理。

表 6-2 经营会计损益表

分类项目			部门				合计	对(1)百分比	商品		
			采购	制造	销售	公司			A	B	C
销售额	对外	1									
	对内	2									
	内部采购	3									
销售净额(1)		4									
变动费用	商品成本	5									
	运输费	6									
	促销费	7									
	销售手续费	8									
	资金利息	9									
合计		10									
边界利润(2)		11					对(2)百分比				
边界利润率											
固定费用	人工费	12									
	设备费	13									
	其他经费	14									
	固定利息	15									
合计		16									
经营利润		17									
投入人员		18									

资料来源：本研究整理。

经营会计的会计科目在设置时，一定要遵循以下几个原则：以现金为基础的经营和保证钱、物、票据——对应的原则，切实践行基础坚实的经营原则，用双重确认的办法保护公司和员工的原则，贯彻完美主义的原则，提高经营效益的原则和玻璃般透明经营的原则。上佳公司就是通过不断挖掘每个原则背后的实际意义，实现了不错的经营发展。

上佳公司从 2015 年开始摸索经营会计科目，从最初的简单科目模仿到后来的精准科目定制，最终形成了比较完善的上佳公司经营会计科目，如表 6-3 所示。

表 6-3　上佳公司经营会计科目汇总（部分）

序号	一级科目	二级科目	三级科目
1	销售额	销售收入	新品收入
2			核心产品收入
3			其他产品收入
4	变动费用	销售成本	新品成本
5			核心产品成本
6			其他产品成本
7		变动工资	绩效工资
8		运输费用	发货运费
9			短途运费
10			退货运费
11			运输损耗费
12			装卸费
13		市场活动费用	搭赠费
14			促销员工工资
15			促销场地费用
16			促销活动物料费
17			箱箱有礼费用
18		推广费用	样品费
19			客户咨询费
20			产品推广费
21		会议营销费用	订货会费用
22			会议营销费用

续表

序号	一级科目	二级科目	三级科目
23	固定费用	人工费用	基本工资
24			社保费
25			意外险
26			差旅费
27			工会费用
28			伙食补贴
29		办公费用	办公费
30			水电费
31			物业费
32			会议场地费
33			内部招待费
34		设备设施费	固定资产折旧
35			租赁费
36		车辆费用	车辆维修费
37			车辆加油费
38			车辆年审费
39			车辆保险费
40			过路费
41			停车费
42		培训费	培训费
43		资金与利息费用	应收账款利息
44			库存利息
45			插单费
46			库存租金
47		手续费	手续费
48		税费	税费

资料来源：上佳公司。

（三）划分费用利润模块单元，求同存异来赋能

为在全公司实践“追求销售额最大化和经费最小化”原则，京瓷对组织结构进行了细分，并使其独立成为一个核算单位，即“阿米巴”。

——稻盛和夫

经营会计的核算基于最简单的公式：利润＝收入－成本。同样，企业的发展就是获得和提高利润。提高利润有两个途径，增加收入和降低成本。上佳公司借鉴阿米巴模式，依据价值链模型对企业的组织结构进行划分，形成费用利润模块单元。上佳公司让每个费用利润模块单元都按一个小公司的方式开展经营，独立核算，并且自负盈亏，企业对每个最小的经营组织进行业绩评估。

1. 分散经营实现增收缩本

收入来自企业资源和外部市场之间的交换，增收就是整合企业的内部资源，与外部市场更好地对接，如果企业提供的商品能够满足外部市场的需求，企业的成本就转化为收入；如果企业提供的商品能够比竞争对手更好地满足市场的需求，企业就在竞争中取胜，实现增收。增收和缩本两者之间并不是独立的关系，而是相辅相成、相互成就的关系，缩本是基于增收的缩本，脱离了增收的缩本，为了缩本而缩本就本末倒置了。

相对应，成本是企业实现价值交换的前提，即企业如何整合自己的资源。整合企业资源就如同玩魔方，不同的部门、不同的岗位、不同的产品成本核算方式，都会带来不同的成本结果。基于价值链模型，从业务部门到辅助部门都是企业成本的贡献者，没有这些成本贡献，企业不可能创造出满足市场需求的产品。如何编排这些资源，如何对这些成本进行计量、分配，目前理论界和实践界给出了非常多的观点和方法，比如项目管理、目标管理、零库存管理等。

这些管理理论在一定程度上都有自己的局限性。比如，就目标管理而言，首先，大多数目标管理中的目标通常是一些短期目标——年度的、季度的、月度的等。短期目标易迅速见效，长期目标则不然。所以，在工作中常常形成对短期目标的关注而忽视了企业的长远利益。其次，目标管理更关注组织的联合产出，不易分解出谁的价值贡献，即目标的实现是大家共同努力的成果，在这种合作中很难确定谁已做多少，谁应做多少，因此可度量的目标确定也就十分困难。

上佳公司通过把整体目标细化落地，切入"分散经营"的模块实现增收缩本的目标。这种分散经营模块与职能岗位不同，职能岗位视角强调的是本岗位在价值创造链条中应该承担的职能，分散经营视角强调的是经济效益考核。分散经营模块是把上佳公司划分为费用利润模块单元，对利润模块单元重点强调"增收"，对费用模块单元重点强调"缩本"，联结"增收"和"缩本"成为体系，避免"两张皮"现象的机制是把外部市场竞争机制引入企业内部经营中，经营会计成为衡量"增收"和"缩本"效果的手段。

2. 求同存异体现合分相依

基于以上分析，企业在增收缩本方面做了非常大的努力，很多看似实现企业发展目标的管理方法、手段、制度，在系统性思考增收节支、增收节支落地环节、增收节支贡献度考核、增收节支支持创新发展等方面都显得黯然失色。越来越多的企业发现，单点线式的精进方案，在实际操作过程中总是让人产生一种感觉："一直努力地做正确的事情，但是总觉得无法系统上形成以点带面的综合效果。"

费用利润模块单元，把整体拆分为小单元，通过激发组织活力，实现了合中有分、分中有合的求同存异目标。求同是指所有的单元、模块都为企业整体的目标服务，模块单元之间是相互联系、相互支撑又相互制约的关系，每个模块单元的经营决策都有边界。存异是指模块单元又有自己的相对独立性，有独立、清晰的目标，实现目标的手段具有灵活性和差异性。上佳公司合中有分、分中有合的求同存异可以通过下列公式表示：

企业整体利润＝市场价格−企业运营成本
企业运营成本＝模块单元1运营成本＋模块单元2运营成本＋模块单元3运营成本……
模块单元利润＝内部交易价格1−模块单元运营成本1

合中有分体现的求异表现在模块单元之间的交易价格上。通过交易价格一方面客观衡量模块单元对整体目标实现的价值贡献，利润模块单元贡献增收、费用模块单元贡献缩本。另一方面，交易价格是模块单元的收入价格，模块单元为实现自身利润的增加，要努力降低自己的运营成本，模块单元的运营成本具有独特性和差异性，参照成本费用经营会计报表，模块单元关注的会计科目是不同的。

分中有合体现的求同表现在模块单元的经营有一条主线。该主线就是串起各个模块单元的内部交易价格，该交易价格是外部市场价格的延伸。内部交易价格就是把外部市场竞争机制引入企业内部经营中，确立了与市场直接挂钩的部门核算制度。模块单元之间的交易价格由外部市场决定，模块单元之间的贡献度可清晰衡量，且模块单元最终形成一个整体，该整体产生的结果（利润）是所有部门共同努力的结果，从而实现你中有我、我中有你的分中有合的目标。分中有合既能激发员工的工作激情，强化工作的灵活性，实现员工的个人成就感，又能保证企业的经营有一条主线，员工的灵活性不跑偏。

费用利润模块单元在实现求同存异目标的过程中，也实现了上佳公司对经营人才的培养。通过划分费用利润中心，实现上佳公司所有员工参与经营。每个费用利润中心都有自己的产品或市场，上佳员工既学会了规划其未来发展，又学会了灵活自主地适应市场出现新的情况，并迅速做出反应。每个费用利润中心都是企业坚强有力的决策机构，激发了员工经营管理的积极性和创造性，通过关注小家利益（模块单元利润），实现大家利益（企业整体利润），切实做到为提高企业的整体效益提供保障。

第二节　分析"经营流水账"，蕴含质量潜能

（一）数字背后探本质，显性数量彰品质

1. 企业核心竞争力与经营会计

总体来讲，企业的竞争力可以分为两类，一类是显性竞争力，包括人、财、物等；另一类是隐性竞争力，包括经营哲学、经营理念等。在实际经营中，很多企业在显性竞争力方面具备很强的竞争力，但是发展后劲不足，甚至有些企业昙花一现。依据平衡记分卡战略地图模型（见图6-3）和企业市场竞争力模型（见图6-4），对一家企业来说，隐性竞争力才是其长久发展的动力源泉。

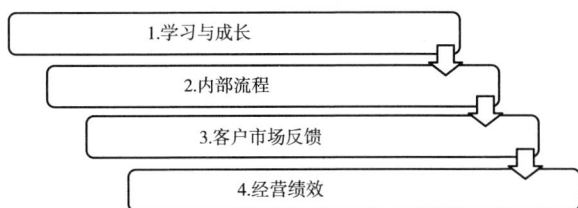

图 6-3　平衡记分卡战略地图模型——客户解决方案

资料来源：本研究整理。

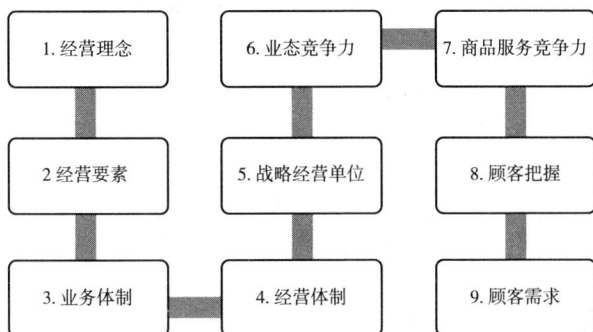

图 6-4　企业市场竞争力模型

资料来源：本研究整理。

平衡记分卡战略地图模型包括四个方面，经营绩效（财务角度）、客户市场反馈（顾客角度）、内部流程（内部管理）、学习与成长（企业动能）。财务指标衡量企业或组织的获利能力，客户模块衡量企业或组织的竞争能力，内部流程体现企业或组织的综合提升力，学习与成长凸显企业或组织的持续动能。学习与成长层面是企业发展战略实现的最重要的无形资产，这个层面的人力资本、信息资本和组织资本共同支持创造价值的内部流程。企业的学习与成长层面是看不见摸不着的隐性资本。

企业市场竞争力模型，以业态竞争力为界可以分为前后两个部分，前半部分消费者能够感受到企业显性资本或产品，企业生产什么产品、制定什么价格、采用什么渠道、采用何种促销手段，在市场中获得竞争胜利。如同冰山理论，模型的后半部分是消费者无法直观感受到的，企业真正实力差异的落脚点，包括企业的经营理念、经营要素、商业模式等。企业的生命长度往往取决于这部分看不到的差异。

有意思的是，经营会计的结构正好与企业市场竞争力模型相契合（见图6-5）。以边界利润为界，向上部分意味着外显竞争力，该竞争力的持久性较差；向下部分意味着内隐竞争力，该部分体现的竞争力持久性较强。外显竞争力是相对竞争优势，内隐竞争力是绝对竞争优势。看似简单的变动费用和固定费用相差一个字："变"或"固"，分析其内涵，其数字代表的含义真的是天差地别。

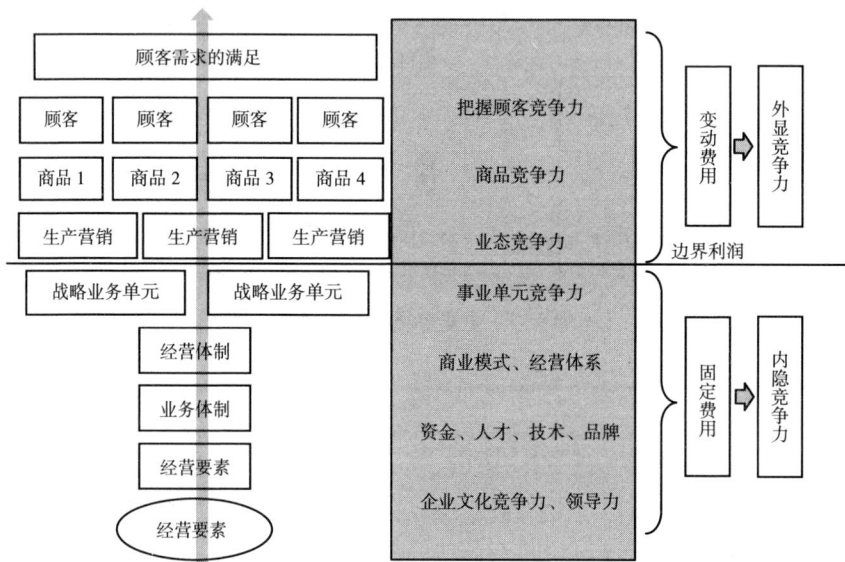

图6-5 企业市场竞争力模型与经营会计的关系

资料来源：本研究整理。

2. 量化的数据贯彻经营者意志

通过经营数据，可以将复杂问题简单化，一方面能够清晰地表明细分组织的损益状况，另一方面简单到可以让全体成员都能了解，实现"人人都是经营者"，各项指标都通俗易懂，便于各方基于量化的数据达成一致的认识。其实更重要的是，通过量化的数据可以贯彻经营者的意志，因为数据背后体现的是经营过程的本质、经营的原点等。

上佳通过量化的数据实现了绩效考核的客观公正性。会计部门和其他信息使用者可以利用自身的管理权限查阅数据，以便组建不同的信息架构，从多维度、多角度对有价值的数据进行整合，从而探知企业生存和发展的真实状况，对不同的阿米巴之间的价值定位进行排列，这种方法充分实现了绩效考核的客观公正性，且对企业内部的经营资料进行分析，通过积累的数据进行合理的规划，及时纠偏。

上佳通过量化的数据提升了工作效率。上佳公司通过对数据进行价值链分析，形成分析影响成本的因素的方法，找到降低成本的途径，从而优化工作流程，降低内部经营成本。该过程依赖于可反馈现场的经营数据，数据包括组织内外的资金变化信息和组织之间资源交易等信息。比如，会计报表中的销售额和费用数据，就会把经营场景像故事一样展现在眼前，帮助企业及时采取应对市场变化的策略。

上佳通过量化的数据提高了工作过程的透明度。比如，公共费用分摊是企业成本控制的重要组成部分，费用分摊能够让生产销售等环节中的费用明细为大家所知，起到开源节流的作用，从而减少不必要的资金投入，这是获得利润的最好方法。尤其是一些隐形成本，比如人才流失成本、沟通成本、岗位错位成本等，这些被忽略的数据往往通过费用分摊被挖掘出来。各个单元中心为了减少总分摊费用，必然会节约成本，让全员都参与到成本控制的工作中，使方法不再单一化，而是多角度、多层级地同步进行，减少了企业在管理方面的总投入，换来的是工作过程透明度的全面提升。

上佳在实践过程中发现，并非所有的经营数据都是经营会计数据。整理经营会计数据并非简单地收集数据，而是要在原始数据分类的基础上进行科学的加工。让表格不仅是一个客观信息的呈现样本，更是企业经营管理的论证书。通过数据表格，清晰了解企业的经营状况，还能将这些真实的数据在企业内部分享，为其他部门提供有意义的参考，所以，针对经营会计数据要具有清晰的目的性和客观可靠性。

清晰的目的性是指，经营会计数据不能为了统计而统计，要和当前的经营状况联系起来，让数据产生经济价值。在搜集数据的时候要注意，有些数据样本的来源发生了变化，比如组织结构发生了变化，过去的销售中心变成现在的产品中心，和曾经的研发中心又有数据重叠或者关联，这就要具体情况具体分析，将数据重新组合。

客观可靠性是指，数据收集工作每天都要进行并确认，不能允许出现模棱两可的统计，这样等于做无用功，也背离了创建经营会计模式的初衷。企业内部的每个组织和个人都要参与到这项工作中去，要从组织上对经营会计工作进行保障，随时检查各项工作是否准备就绪。数据收集顺序一般从下至上，这样的好处是能够从基础工作开始收集数据，确保数据来源的可靠性，对企业的决策层制定战略计划有着重要的参考价值。

总而言之，如果数据有误，就不能将有价值的信息及时反馈给现场，所以原始资料的统计和分析工作必须一丝不苟地完成。要明确负责数据收集的参与者，这个参与者可以是某一个组织，也可以是某一个人，但必须有一个可以追责的个人或者组织。对历史数据进行科学整合，这些数据有些属于成形的资料，有些只是原始、未加工的资料，要保证对这些数据的考证、分类的准确性，避免某些数据是被篡改的，也要防止收集的数据外传，泄露企业的商业机密。

（二）经营改善有方向，紧急重要一目清

经营会计报表的最大特色之一，就是通过报表数据可以一目了然地看到刚刚发生的经营状况。基于此特点，经营会计报表的数据为企业的经营管理改善提供了重要的依据，也为经营管理决策提供了重要的支撑。上佳公司一直强调费用利润模块单元要努力提升自身的利润，由于采用市场价格挂钩企业内部交易价格的方式，单元利润的提高必须是在成本控制的背景下才能达成。上佳公司一方面向外求收入增加，即提高销售收入；另一方面向内求成本降低，即削减固定费用、削减变动费用和改变商品结构。

1. 会计科目的勾稽关系确立因果联动

经营业绩分析，顾名思义，就是对已经发生的经营成果进行总结、分析、改善，从而制定下一阶段的工作计划。经营业绩分析内容主要是对上阶段实际业绩与计划业绩的差异进行综合陈述和对比分析，包括企业整体业绩和各个单元的业绩，并确定下一阶段的工作方向。对比分析一般从利润增减的额度、百分比和比率出发，将利润和收入的关系、利润和变动费用的关系、利润和固定费用的关系作为切入点，找到问题的真正原因并提出解决方案。经营会计报表科目的勾稽关系如表6-4所示。

表6-4　经营会计报表科目的勾稽关系

1	边界利益=销售额-变动费=销售额×边界利益率
2	边界利益率=边界利益÷销售额
3	变动费率=变动费÷销售额
4	经营利益=边界利益-固定费
5	固定费生产性=边界利益÷固定费
6	人工费劳动生产率=边界利益÷人工费×100%
7	设备费生产性=边界利益÷设备费
8	面积生产力=边界利益÷面积
9	人月劳动生产力=月边界利益÷人数
10	单位面积劳动生产力=边界利益÷总工时
11	盈亏平衡点销售额=固定费÷边界利润率
12	平衡点安全度=计划或实际销售额÷平衡点销售额
13	经营利益率=经营利益÷销售额

资料来源：本研究整理。

上佳经营分析会发展到目前，已经形成了比较完备的经营分析会管理制度。上佳公司经营分析会的核心内容包括经营会计报表的制作、经营会计报表差异分析、关键KPI数据对比分析、上一阶段工作计划完成情况、制定本月预算、业绩评价（绩效考核）和制定本月工作计划。每个部分的详细内容如表6-5所示。

表 6-5 上佳公司经营分析会内容

经营分析项目	具体内容	备注
经营会计报表的制作	模块负责人根据数据来源、时间节点、每月报表计划与实际、同期数据、环比数据等进行分类归集，收集本模块各项经营科目数据，并记录进经营会计报表相应的经营科目中	
经营会计报表差异分析	通过销售额、关键变动费用、边界利润和经营利润的同比（本月与上年同期对比）、环比（本月与上月对比）、计划与实际对比、同类商品对比分析、同行业标杆对比，结合公司实际数据找出数值或比值差异相对比较大的数据（收入数据对比数值，变动费用对比比例，固定费用按绝对值进行对比），各个模块单元一般寻找 2~3 项费用科目进行分析，通过对比数值或比值，找出差异数值或比值，进行真实原因分析（多问几个为什么），并提出改善措施	各模块不得随意更改经营会计报表，若更改需经经营管理部统一修订
关键 KPI 数据对比分析	通过部门关键 KPI 指标目标与实际达成数据进行分析，找出原因（多问几个为什么）并提出改善措施	
上一阶段工作计划完成情况	根据上个月计划节点，检讨上月工作计划完成情况，未完成项转入本月继续执行	
制定本月预算	根据过往经营数据、年度经营计划即市场情况制定下月实际经营目标，从而有效控制费用	
制定本月工作计划	根据本月预算经营数据，制定本月工作计划，包括年度/月度经营计划中本月需完成事项、原因分析及改善措施、项目任务书需完成事项、会议决议需完成事项、突发事项、横向部门协助完成事项	
业绩评价（绩效考核）	根据当期目标及累计目标与实际经营状况，评价上月经营业绩	

资料来源：上佳公司。

通过经营分析会，上佳公司及各模块对利润的规划主要有四个方面，削减固定费用、削减变动费率、提高销售价格和改变商品结构。对于削减固定费用，上佳公司通过增加产量降低固定费用所占比重；对于削减变动费率，上佳公司通过变动费用的细分会计科目，全面控制成本；对于改变商品结构，上佳公司通过调整商品结构增加利润。

2. 通过经营分析推动 PDCA 循环改善

　　一家企业应该做到不断分析自身现状，及时发现存在的问题并找出原因予以解决，这是企业实现业绩增长的关键。

——李战胜

　　提及经营分析会，就不得不提循环改善的法宝工具——PDCA。PDCA循环改善又称戴明环，是全面质量管理的思想基础和方法依据。PDCA 的含义是计划（Plan）、实施（Do）、检查（Check）、处理（Action），先做出计划，再实施计划、监督检查效果，如果效果不理想则加以修正完善，重新开始新一轮 PDCA，新一轮的计划在质量上要高于第一阶段的计划。周而复始，螺旋式上升，助推企业业绩不断提升。

　　上佳公司的年度经营计划、月度经营计划以及经营分析会的逻辑其实就是 PDCA 循环改善过程，效应的发挥依赖于 PDCA 循环改善。企业制定预算是计划阶段，月度经营计划是实施阶段，经营分析会是检查阶段，经营分析会形成的结果是处理阶段，形成一个上升式闭环。该逻辑过程如图 6-6 所示。

　　每一轮持续、有效、高频率的 PDCA 循环都是一次螺旋式上升，一轮循环的结束意味着企业存在的一些问题得到了解决，企业的经营水平获得了提升。随后总结上一轮遗留的问题，制定新的目标，实施下一轮 PDCA 循环。作为 PDCA 循环的主要参与者，员工在这个过程中发挥了不可或缺的作用，同时也获得难以估量的暗默知识，一个健康、持续、有机迭代、成长发展的过程就此形成。

　　在 PDCA 循环改善过程中，针对处理阶段，上佳公司采用了业绩改善提案项目，即对在检查阶段发现的问题，或在正常工作程序中发现的能够提质的现象，开展专项专题改善，该业绩改善表中包括提案人、提案名称、现象描述、改善计划、执行要点等。业绩改善提案专项如表 6-6 所示。

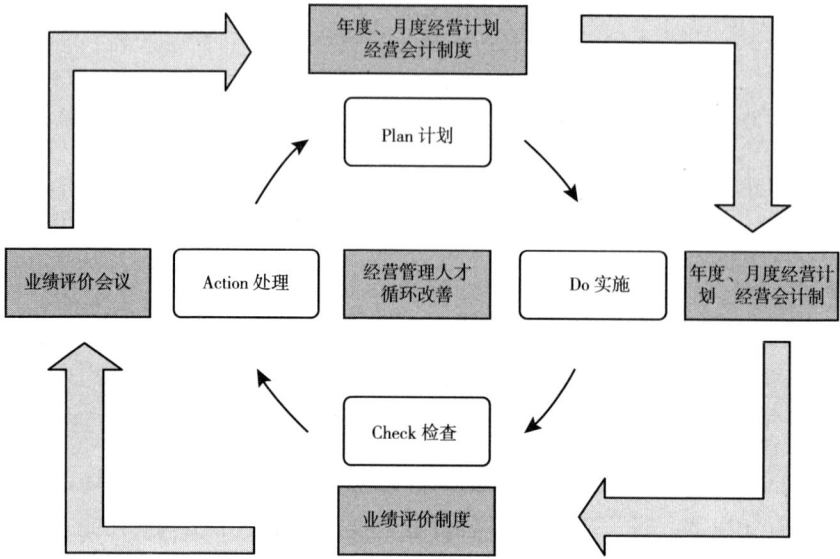

图 6-6　上佳公司经营分析的 PDCA 循环改善

资料来源：本研究整理。

表 6-6　上佳公司业绩改善提案

提案人		部门		岗位	
提案时间		执行时间	至		
提案名称					
现象描述 （定性定量）					
改善计划					

续表

提案人		部门		岗位	
提案时间		执行时间		至	
执行要点					
资源请求					
投入成本					
预期结果					

资料来源：上佳公司。

（三）数字魔方是法宝，创新潜能来源处

经营数据是经营分析的灵魂工具，经营数据是企业发展的魔力棒，经营数据是企业创新的潜能泵。结果是过程的结果，想要取得好的结果，做好过程是充分必要条件，透过现象（结果）看本质（过程）的能力有助于形成独立思考的习惯。对经营者而言，透过经营会计报表上的数据，看到经营过程是企业健康良性发展的重要能力。经营会计报表上每个会计科目、每个数字都可能意味着一个影响结果的质性因素。经营会计报表上的数据是衡量企业经营过程质量的重要指标，也是对前一个阶段经营成果的总结，更是制定未来经营计划或经营预算的重要依据，是企业能够螺旋式上升发展的重要保障。

1. 经营数据是经营分析的魔力棒

经营会计报表可以实现"彻底地实行筋肉坚实的经营"的目标，经营会计报表可以制约经营者粉饰企业的虚荣心，避免把企业搞成满身赘肉。

——李战胜

经营数据是经营体系中非常重要的反馈工具，上佳公司认为经营数据的反馈就是一个企业自我反思的过程。上佳公司对经营会计报表中每个科目的含义和统计口径都进行了非常详细的分析和解读，确保每个科目和的每个数据都能及时、准确、详尽地描述经营活动现场。通过这些数据，上佳公司的经营者制定了如何降低成本、优化工作流程的决策，研判了上佳向前延伸或向后延伸的发展方向，制定了具有竞争力的产品市场价格。

上佳公司在对经营报表数据进行分析的过程中，取得了非常丰富的成果。既有以内部价值链的视角，探讨企业如何提升管理水平，又有从行业价值链的视角，了解上佳公司在行业价值链中的位置，探讨企业如何提升在外部市场中的竞争力。这些收获极大地丰富了上佳公司的文化内涵，而且成为上佳公司所有员工的隐性知识，通过实践和表出，发展成为上佳公司的显性知识。

以公共费用分摊为例，公共费用是企业内部交易过程中产生的资源消耗，这些损耗无法明确归属到具体的部门。上佳公司的公共费用包括和生产经营相关的设备资源、房屋资源等因素。公共费用分摊是指将上述每个类别的费用按照各自的计量标准，进行货币量化，然后科学地分摊到每个部门的过程。上佳公司认为公共费用分摊表面上看是"同患难"（现象），实质上是为了"同享福"（本质）。通过公共费用合理分摊，上佳公司量化了公共资源，确定了每个部门应该承担的经济责任，同时全面强化了员工的经营责任感与使命感，提升了企业的经营管理效率，确保了企业最高利益不受侵害。通过公共费用分摊，上佳公司切实实现了公共费用的最大效能：提升组织活性的竞争力、保证组织黏性的关联性、夯实组织成长力的潜能性。

分摊原则是公共费用给上佳公司带来的丰厚的隐性知识。上佳公司总结公共费用分摊原则有四：有偿使用原则，即"谁使用谁承担"的原则，要分清责任所属，不能分清的也要合理分摊，保证权利和责任的统一性；有效使用原则，即企业要分配有效的资源给部门提供有效帮助；相互认可原则，即要提高每个部门的参与感，部门对公共费用分摊有质疑权；降低成本原则，公共费用分摊归属于部门的经营支出项目，为了确保每个部门的切身利益得到保障，分摊费用也要遵循降低成本的原则，使其转变为推动阿米巴壮大升级的动力。

2. 经营数据是企业创新的潜能泵

经营会计明确了各项费用的支出、各项收入的进账，有效地规避了乱花费的现象，每个数据都体现着"收入最大化、费用最小化"的经营理念，每个数据也都意味着一个管理动作。比如，在报表中增加利息项，就会促使相关部门紧盯该数据；增加应收账款利息等，就会促使营销部门减少应收账款；收取库存利息，就等于明确去库存责任，营销部门或生产部门就会紧盯库存。这些管理动作都是企业发展的创新来源，所以，经营数据是企业创新的底层逻辑。

上佳公司对经营会计数据的分析最终形成两类指标，内部运营指标和外部经营指标。内部运营指标包括财务指标和非财务指标的平衡，尤其是对非财务指标，比如对客户、内部流程、学习与成长等进行量化的考核，提升系统性和全面性。外部经营指标既包括短期的现有业务市场竞争力指标、产品竞争力指标、顾客满意度指标，又涉及长远的产品和服务的革新，涵盖企业的改良、创新过程、经营过程和售后服务过程。

上佳公司通过经营会计数据完善企业内部流程。上佳公司的生产部门，通过经营会计数据确定了生产的关键核心流程，既降低了生产成本、管理成本，又提升了生产资源的利用效率，提升了产能，极大地提升了部门的利润贡献度。上佳公司的营销部门，通过经营会计数据，清晰定位企业的目标客户，确定企业的价值主张，创新产品推广的有效方式，优化了产品结构，提升产品在市场上的竞争力。而产品结构优化又进一步推动了生产部门对工艺流程和加工流程的改善。

上佳公司通过经营会计数据，找到了提升企业经营业绩（结果性指标）的动因性指标，实现了系统思考的目标。经营会计数据包含一系列相互联系的目标和指标，这些指标不仅前后一致，而且互相强化。例如，销售收入是企业的财务指标，这一指标的驱动因素可能是客户的重复采购和销售量的增加，而二者是客户满意度带来的结果。影响客户满意度的是按时交货率这个指标，而较佳的按时交货率通过提高内部过程质量来实现，内部过程质量又反映在公共费用会计科目中。这就是一个完整的因果关系链，贯穿经营会计报表。

经营会计数据展现的目标（结果性指标）和衡量指标（动因性指标）是相互联系的，这种联系不仅包括因果关系，而且包括结果衡量和引起结果的过程衡量相结合，最终反映组织战略。这在因果关系中，就是企业创新的源动力之核心。

第三节 梳理"经营流水账"，数到质三阶段

采用经营会计来反馈和衡量经营活动过程，上佳公司从最初接触经营会计到形成完备的经营会计核算体系，整个过程可以分为三个阶段：模仿阶段、数量化阶段和质量化阶段。从模仿其形到化质为我用，也是上佳公司学习层面"取其精华"+"落地实践"的践行过程，即从显性知识的学习（阿米巴经营会计）到隐性知识的积累（打通理论与实践相结合的鸿沟），再从隐性知识表出为显性知识（上佳公司的经营会计体系），恰好完成了显性隐性知识的螺旋式上升过程。

在模仿阶段，上佳公司采用"复制粘贴+个性化改善"的方式，建立了上佳公司 1.0 版本的经营会计科目和经营会计报表，这个阶段也可以称为播种阶段。在数量化阶段，上佳公司逐步完善经营会计科目和经营会计报表，这个阶段也可以称为发芽阶段，实现经营数据能够反映经营活动现场和过

程，这个阶段的经营会计步入 2.0 版本。在质量化阶段，上佳公司形成了 3.0 版本的经营会计报表，能够看透经营数据背后蕴含的现象本质，制定经营决策。

（一）模仿阶段——确定企业经营会计科目

依据学习理论，学习分为行为学习和认知学习，认知学习包括图表机械性学习、替代模仿式学习和推理分析性学习。认知是人脑接收外界输入的信息，经过头脑的加工处理，转换成内在的心理活动，进而支配人的行为，即人们获得知识、加工知识和应用知识的过程。上佳公司经营会计体系搭建的第一步就是模仿。

1. 学习经营会计体系设计理念

接触了阿米巴经营会计，切实实现了我想要的"现在的数字"而不是我能拿到的"过去的数字"的目标。

——李战胜

"工欲善其事，必先利其器"，做好一件事就要有对应的工具、手段和方法。想要运用好一个工具，还需要"知其所以然"，即知道该工具诞生的背景或产生的原因。在经营管理中，非常多的管理理论无法落地，原因就在于管理理论是有时代背景或特殊社会土壤的，直接拿来用，就像移植器官，匹配不成功的话，给企业带来的影响可能是消极的、伤害性的。

依据平衡记分卡战略地图模型，企业经营战略转化为具体经营行为的最底层是企业组织的学习与成长层面，上佳公司也不例外。上佳公司与经营会计的机缘来自李战胜董事长的一次理论学习，上佳公司的经营会计也来自对经营会计的理论学习，学习的第一步就是关于经营会计这个工具的设计理念。下述这些原则，上佳公司在首次建立经营会计科目的时候就开始发挥作用，一直贯穿至今。

经营会计设计理念一，企业面临的外部环境存在极大的不确定性，企业应该关注现金流，保持现金的充裕，不仅要实现账面的盈利，而且要保证企业有钱可用，以备不时之需。所以，经营会计是以现金为基础的会计，这是与财务会计最基本的区别。

经营会计设计理念二，企业的经营活动要保证钱、物和票据一一对应。这个理念对应理念一，经营者能够时刻清楚企业的经营情况，杜绝糊涂账的出现。在该理念下，经营会计的科目设置要求详尽具体，避免眉毛胡子一把抓，比如水电气费要分列为水费、电费、气费，使经营者能够时刻清晰掌握财务报告，尽早找出问题所在。

经营会计设计理念三，执行计划、贯彻标准和实现目标时做到完美主义。在日常工作中，人们会不由自主或不自觉地降低工作标准，那么计划、目标就没有任何意义。经营会计中设定预算、经营计划、经营分析会、PDCA 循环改善都是助推员工形成坚强的意志，面对问题时要有死磕精神，百折不挠。

经营会计设计理念四，经营过程透明化，所有员工都能一目了然地看到企业的经营状况。经营需要具备系统思维，系统思维最大的敌人就是点状思维，如果员工只能了解自己岗位或部门的经营状况，就如同井底之蛙，无法看到部门决策对企业产生的蝴蝶效应。经营会计让企业整体经营都做到正大光明，一方面杜绝了"抄近路，找捷径"的想法，另一方面促使经营者开展"因果链"的动因思考。

2. 复制粘贴上佳公司经营会计结构

模仿往往是成长的第一步，上佳公司的模仿阶段也走了两步，为模仿而模仿阶段和蹒跚学步阶段。在为模仿而模仿阶段，最主要的是以董事长为首的企业中高层在脑海中有了经营会计的意识，知晓经营会计与财务会计之间的区别，并且在思想意识层面达成一致决策，上佳公司采用经营会计搭建经营体系。

在蹒跚学步阶段，上佳公司"比葫芦画瓢"照搬、模仿、修订，形成1.0 版本的经营会计报表。在该版本形成的过程中，上佳公司积累的显性知识就是报表，积累的隐性知识重点是如何将上佳公司的经营活动转化为会计科目，即会计科目形成的过程。该类隐性知识包括：各个会计科目的核算内容与核算范围、核算方法，明细科目的设置依据及具体明细科目设置，关于该科目所核算内容的会计确认条件与时间规定，关于该科目的会计计量的有关规定以及涉及该科目的主要业务账务处理。

比如，上佳公司的成本类科目反映成本费用和支出，用于核算成本的发生和归集情况，分为生产成本、制造费用、劳务成本、库存商品和研发支出等。二级科目——"生产成本"科目核算生产各种产品等产生的成本。"生产成本"科目又包括"基本生产成本"和"辅助生产成本"两个三级明细科目。"基本生产成本"明细科目又按规定的成本项目，比如直接人工、直接材料、制造费用等设立专栏核算。"辅助生产成本"明细科目按辅助生产提供的劳务和产品，例如修理、运输、自制工具、自制材料等设立专栏核算。

（二）数量化阶段——量化经营归入经营会计

有了经营会计科目，知晓会计科目之间的逻辑关系，是实现经营分析的硬性条件，经营会计科目后紧跟的数据，才是经营分析的软性条件。

"巧妇难为无米之炊"，经营分析是对反映经营情况、过程的数据进行分析。上佳公司经营报表数量化阶段主要包括两个重要内容，确定经营数据统计口径、规范经营数据收集流程。该阶段完成标志着上佳公司的经营会计工具不再是单纯的工具或手段，而是有力量、可操作、具备生产力的知识。

1. 确定经营数据统计口径

数据统计口径对精细化管理非常重要。统计口径，通俗点说就是"标准"，考核和衡量的尺度，即开展数据统计工作所依照的指标体系。一个统计口径所涵盖的数据应该是基于相同的标准收集而来的，假设统计口径不一致，就会产生像计算机中编程代码混乱一样的后果。如果成本核算的各项数据归口不一致，尤其是细节性的数据统计口径不一致，会带来传达管理信息的表单、记录等各项数据信息不完善或者不准确的后果，将导致支持管理决策的信息缺乏有效保障。

上佳公司在 2.0 版本的经营会计科目中，对每一项数据的统计口径进行了非常详尽的描述。上佳公司经营会计报表的填表说明，就非常清晰地阐释了该原则，如表 6-7 所示。

表6-7 上佳公司经营会计报表填表说明

表名	填表要求
01-经营报表	带有公式设定的单元格(三级科目标注蓝色的)无须填制,可从后表自动生成
	没有公式的单元格,根据需要在报表中自行填制
	绩效工资、基本工资、社保费、年终奖按照标准三旬平均,其他费用根据规划发生时间填写至每旬

资料来源:上佳公司。

2. 规范经营数据收集流程

数据收集是经营分析的基础,是经营会计的根基,是个人和各部门经营数据、信息、情报的来源。有了衡量经营过程的会计科目,确定了经营数据的统计口径,还要解决数据从哪里来、数据什么时间来的问题,就是通常所说的5W1H中的何时(When)、何地(Where)、如何(How),即规范经营数据的收集特征和收集流程。

上佳公司经过不断摸索,明确数据收集应该具备三个特征,即及时性、完整性和准确性。及时性强调数据的时效性,各类收入、费用、工时等数据,要当天收集确认;完整性强调不能遗漏数据,企业所有部门和个人的数据都必须收集,缺一不可,不受组织架构局限;准确性强调数据的精准度,所有数据要求做到一一对应、双重确认、准确无误,绝不允许"糊涂账、笼统账"。这三个数据收集特征确保上佳公司实现玻璃透明般经营。

上佳公司采用自下而上的数据收集流程,保障了数据收集的完整性和质量。自下而上就是自个人到小团队,再到上一级团队,逐级收集。比如对于营销模块,上佳公司自下而上的收集流程就是个人—区域—大区—营销模块。上佳公司通过规范数据收集频率,为数据收集的及时性提供保障。数据收集频率包括每日、每周、每月实时制作和收集各类数据,各模块在每日收入表、费用开支表、经营核算表基础上制作每日及每月单位时间核算表。

完整的、及时的、准确的数据成为上佳公司非常重要的一项无形资产,这些数据的收集过程都是上佳公司20多年逐步积累的隐性知识的显性表达,这20多年积累的数据也成为上佳公司每年制定经营计划的重要参考依据,其见证了上佳发展历程中的跌宕起伏，当下已经成为上佳公司计划、执行、修正、完善等螺旋式上升的有力工具。

（三）质量化阶段——立体视角分析经营数据

"万事俱备只欠东风"，有了经营会计报表框架，有了衡量经营过程的科目，有了衡量经营活动的数据，对于经营管理来讲就是万事俱备，使用经营数据做决策，激发经营数据的生产力，就是推动上佳发展的"东风"。经营决策要有理有据，数据是经营决策的依据，数据如何说话、如何用数据说话是上佳公司经营会计的 3.0 版本。

1. 用经营数据制定经营决策

上佳公司经过 20 多年的摸爬滚打，总结了经营数据在上佳发展过程中的十大作用。经营数据可以"增收缩本"，迅速发现哪里"赚"、哪里"亏"，组织内的各级成员通过精细化的数据，每日、每周的会计报表，清晰地了解本日、本周或本月的业绩情况，有助于及时发现问题。据此，上佳公司进行了商品结构调整。

上佳公司通过经营数据"规避损失"。上佳公司利用经营报表降低经费支出，挑战"这已经是极限"的想法，彻底压缩经费开支，随时反思为完成计划采取的措施是否合理等问题。上佳公司利用经营会计报表做计划，激活人心。在制定经营会计科目、企业年度经营计划的过程中，上佳公司向来号召全体成员参与计划制定，监督计划实施，主动改进计划，通过重复推进这种工作流程，提升全员参与意识，强化员工的主人翁意识。

上佳公司利用经营会计报表进行公平、公正的评价，进行合理的分配。上佳公司将成本中心、收入中心通过内部转移定价转化为利润中心，其对利润的计量不仅关注整体利润，而且精细到每个员工的单位时间附加值，绩效考试实现真正的公开、公平、公正。上佳公司利用经营会计报表打破部门墙。上佳公司认为经营会计是一个压力与收益传导机制，以价值链为基础，以短流程、高效果、强监督为理念的价值内控体系。让每个模块都有"成本—产出—业绩—利润"的意识，并将"成本—利润"的压力与收益传导到企业组织的每一个细化组织或个人。

2. 通过经营报表量化责权利

合格的经营管理者是责权利集于一身的承担者。责就是应当承担的责任，是职务、职责上所对应承担的义务，对公司而言，该责任包括公司利益责任、业绩责任等，对顾客的责任包括维护客户利益等，对团队的责任包括团队建设责任、培养人才责任等。权，即权力，是个人职责范围内的支配力量，主要是人、财、物方面的支配权和使用权，具体包括人事权、财务权等。利就是利益，包括物质利益和精神利益等。三者相辅相成、相互制约、相互作用。

第七章
上佳人"拔动能"
——塑思维+强实践

打造思维方式，强化实践能力

企业经营的目的是营收，经营管理体系通常是指如何合理安排经营内容实现经营目的，比如海尔的人单合一等。通过经营管理体系，企业能够用同一套话语体系，用共同理解的语言把事情说清楚。经营内容是企业的投入内容，包括人、财、物，"人"是这些因素中唯一的动能因素。人才在企业发展过程中的重要性不言而喻。

上佳公司李战胜董事长强调："企业成长性的落脚点在于人，通过人可以衡量企业的内在机制和动能。企业正是通过人预测新技术的成功机会、新市场的动向以及新商业模式的演化。"张磊在《价值》中也强调："在创业过程中，不分行业，选择的核心是让人与事相配，合适的人在合适的事业上，一定能够取得非凡的、指数级的成功。人力体现出来的战略构想的出发点是不断酝酿和准备，一旦企业有了内生的动力，就能够不断拓展规模，寻求新的市场、新的格局，始终围绕下一场'比赛'来储备力量。"

上佳公司一直致力于营造更好的组织方式实现人才生态。比如，上佳公司不断强调全体员工都应有一个共同的理想，从而调动了员工的积极性和主观能动性。在上佳公司，所有人都知道，上佳公司是一群靠谱的人用正确的方法做一件有意义的事。转化到员工个人，人人都可以对号入座，"在上佳公司，我不是建构者或成就者的话，那我就是探索者或守护者"。上佳公司通过挖掘经营者精神，借助自主经营体系，正走在实现超越雇佣关系的新型合作关系的新征途上。

第一节　正确思维打造，自驱型人才赋能

一切商业问题都是人力问题，每个企业都是人的集合。有效的企业氛围能够包容不同人之间的差异，创造出一种文化，员工的才智得到充分利用。上佳公司强调，要使企业具备持续成功的能力，必须将团队和管理才智融合起来，个人在团队中能更好地发挥才能——他们更有效率、更具创意，团队也可以自我管理。

（一）以实践为基石，创立"顶天立地"思维打造方式

思维模式（方式）是高质量的积极管理的关键因素。第一性原理强调，底层的逻辑是"看不见的手"，不能简化分析模型，而是要分析更多端绪和因果。上佳公司在经营分析会中常常强调，一定要从现象出发，抓住可以把握的关键因素，溯源、拆解、重构和颠覆，追问本质，自由思考，探究找到各种现象的动因，理解商业（创业）的底层逻辑。

上佳公司通过"顶天立地"的方法塑造了员工思维方式，"顶天"是从实践升华到理论，"立地"是从理论落地到实践，"顶天立地"是一个基于实践到指导实践的闭环过程，如图 7-1 所示。基于实践、回归实践的思维方式塑造过程，往往最符合经营生态的进化，有助于建立企业发展的动态的

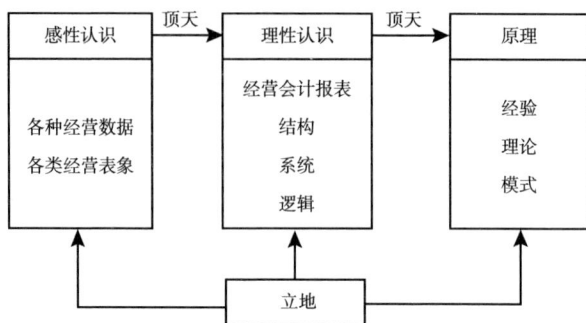

图 7-1 "顶天立地"思维打造方式

资料来源：本研究整理。

护城河。上佳公司"顶天立地"的思维打造方式的过程，对员工个人而言就是从实践中的感性认识阶段，到初级的理性认识阶段，再到高级的原理阶段，然后在原理的支持下，理性地分析感性的实践。

1. 从下至上——实践升华到理论

一个组织或团队的成长过程中，随着组织的扩张，所有企业经营者都面临众人众口众声的难题。而组织或团队区别于群体的重要特征是众人众口同声，即组织或团队的所有成员都能为同一目标而努力。为了让团队所有成员采用同一语言、同声，企业必须有基于自身发展基因的经营管理方法、方式、手段或理论。

上佳是一家开放式学习成长的公司，从创业开始到现在不断向外求，各种理论学习"纸上得来终觉浅，绝知此事要躬行"。在向外求的同时，上佳公司特别注重基于企业自身的实践，提炼总结并形成自身的经营之道。上佳公司最有特色的实践升华到理论的模式，当属从感性认识到理性认知的"脚手架"工程，如图 7-2 所示。

第一阶段是关于工作实际的基本素材描述阶段。在上佳公司，人人需要学会收集工作实践资料。比如，营销部门的一线人员要详细描述实践中的所见所闻，不仅包括自身产品的营销信息，还包括竞品的相关信息，例如产品克重、成分、价格等。该阶段，只需要对基本素材进行描述，不需要进行个

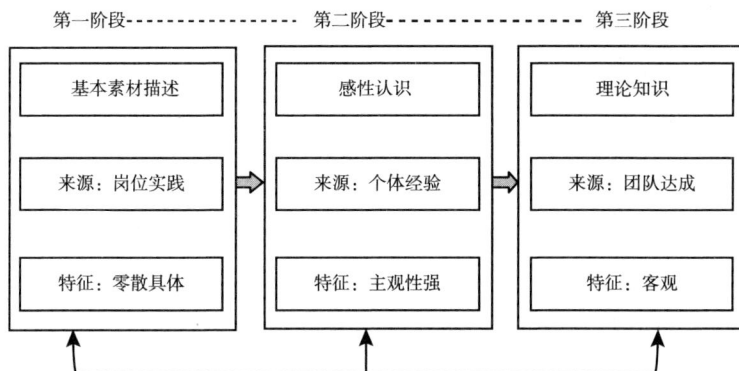

图 7-2 上佳公司"脚手架"工程

资料来源：本研究整理。

人直观的信息加工。

第二阶段是关于基本素材的感性认识阶段，这是形成理论观点的非常重要的一步，即对第一阶段搜集到的素材、堆积的信息形成相对的感性认知，也称为初级的理性认识阶段。本阶段的任务由细分组织的领导人和一线员工共同完成，上佳公司常用的做法就是运用已知的原理、规律去对照梳理素材，这样能够高效加工相关感性信息。

第三阶段是对基本素材之间的逻辑关系进行梳理，形成系统化和体系化的理论知识。打个比方，就是针对散砖乱瓦，采用逻辑的水泥砂浆联结起来，形成系统化、体系化，具有结构性、实践性、可操作性的体系。这个结构体系就像建筑物一样，可以容纳观点，承受荷载和压力，不变形或可控变形，不坍塌。

上佳公司通过该方式，利用实践经验，加上已有的理性知识，形成了上佳独有的经营体系理论（语言）等。上佳公司目前所用的经营会计报表、上佳薪酬模型、上佳内部价值链、上佳内部流程等都是通过该方法形成的。这些独有的上佳经营体系理论（语言）由于来自具体的工作实践，来自上佳公司每一个阶段扎实的实践背景，在上佳的工作实践中又指导着具体的实践，发挥了非常大的作用。

上佳公司在每个阶段探索形成自己的"经营管理体系"的过程中，有一个隐性知识法宝，即疏通矛盾点。《矛盾论》强调"事物发展的根本原因，不是在事物的外部而是在事物的内部，在于事物内部的矛盾性。任何事物内部都有这种矛盾性，因此引起了事物的运动和发展。事物内部的这种矛盾性是事物发展的根本原因，一事物和他事物的互相联系和互相影响则是事物发展的第二原因"。

"通则不痛，痛则不通"，这是一句非常流行的广告语，也是非常经典的中医疗判断标准，放置于企业经营领域也是如此。上佳公司非常重视经营过程中显现的每一个矛盾点，即不流畅点，一方面把解决该矛盾点作为推动企业发展的绝佳机会，另一方面针对解决该矛盾点形成的经验和方法，梳理形成上佳公司自有的经营管理方式或理论。

上佳公司最经典的案例，就是上佳经营会计报表的版本迭代和变革。从早前经营会计报表版本到当前版本，上佳公司基于自身的实践和发展，报表数量、报表中的会计科目、报表填制的人员要求都发生了变化，如表7-1所示。

表 7-1　上佳公司经营会计报表不同版本对比

类别	早期经营会计报表	当前经营会计报表
数量	繁多	精简
会计科目	照本宣科	动态调整
填表人员类型	全员	分层次

资料来源：本研究整理。

2. 从上而下——理论赋能于实践

理论是指人们关于客观世界规律的正确的理解和论述。经营理论是人们在企业经营过程中，经过对经营的长期观察与总结，由表及里，对经营活动的规律性和关键因素进行归纳、提取，进而形成的一套简化的描述经营活动演变过程的客观规律的概念、原理、模型等。由于这些映射为信息的模型，是由经营活动的经验、教训推演出来的，来源于高频度的思考和实践，得到了逻辑证明，对于指导实践具有很大的意义。

上佳公司特别重视理论的学习和总结，不仅不吝啬于在知识上付费，而且在理论知识学习和总结方面也付出了大量的时间、精力和金钱。上佳公司为了推动企业快速和稳健发展，采用外部嫁接迭代内部生成的理论学习模式，即外部显性学习、内部隐性知识总结、外部显性知识嫁接于内部实践学习，如图 7-3 所示。

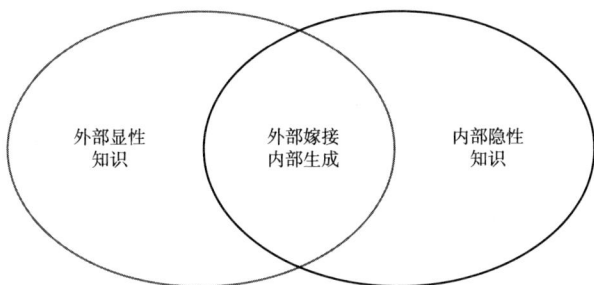

图 7-3   上佳公司外部嫁接迭代内部生成理论学习模式

资料来源：本研究整理。

外部显性学习是基于企业经营过程中的瓶颈或痛点，寻找对应的课程学习。内部隐性知识总结是基于企业经营过程中的亮点，总结形成企业统一语言，加以孵化、拓展运用。外部显性知识嫁接于内部实践，是外部知识发挥作用的升级版，把外部知识落地于企业内部实践，让外部知识落地生根。

上佳公司的外部显性学习包括两类，上佳公司"走出去"找理论和上佳公司把理论"请进来"。上佳的外部显性学习主打"师夷长技"，即拜师学艺，外部显性学习的方式包括"走出去"和"请进来"，如图 7-4 所示。上佳公司自成立到目前，外出学习，为知识付费近 500 万元，外出学习的内容涵盖企业经营的绩效管理、战略管理、人力资源、市场营销、内部管控、股权激励、企业运营体系等，涵盖上佳公司的各个职能部门。上佳公司外出培训系列学习内容、参与人员如表 7-2 所示。

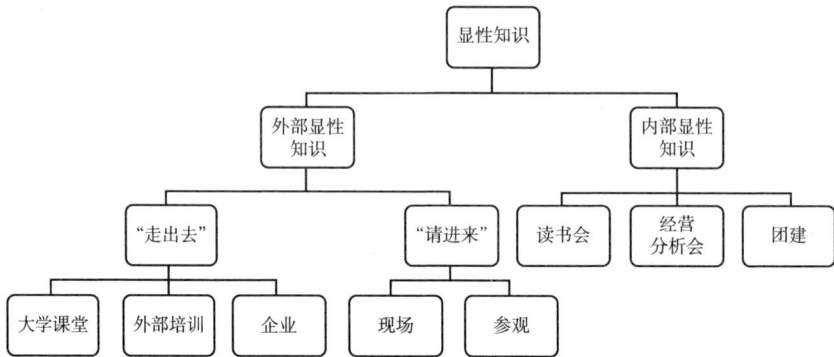

图7-4 上佳公司显性学习方式

资料来源：本研究整理。

表7-2 上佳公司外出培训相关内容

年份	学习内容	职能部门	备注
2009	绩效管理培训	各个部门经理	每一年都会组织员工进行1~2次大型的培训+拓展（3年疫情除外）
2014	战略	总经理、总经办	
2015	NLP系列培训课程	部门经理、大区经理、核心主管	
2016	NLP系列培训课程	部门经理、大区经理、核心主管	
2017	阿米巴咨询	总经理、总经办、部门经理	
	NLP系列培训课程		
2018	股权激励、财税	总经理、总经办、部门经理	
	NLP系列培训课程	部门经理、大区经理、核心主管	
2019	NLP系列培训课程	部门经理、大区经理、核心主管	
2023	华为组织绩效	总经理、总经办、部门经理	
	战略咨询	总经理、总经办、部门经理	

资料来源：本研究整理。

上佳公司采用"请进来"的学习方式，倾向于基于企业实践的显性知识学习，一方面解决了大规模员工无法外出学习的弊端，另一方面弥补了理论知识与企业自身实践可能脱节的漏洞。

上佳的内部显性学习，彰显"打铁还需自身硬"，内部显性学习的方式包括读书会、经营分析会、团建等。通过内部显性学习，在思想层面统一了团队意识、在行动层面促成了团结，在团队层面形成了积极的氛围。内部显性学习还是外部显性学习的转化媒介。通过内部学习，上佳公司逐步积累了自身的隐性知识。外部学习的理论都基于自身发展和形成的背景，其效果是有条件的，比如，规模成本适应于改革开放时代，随着时代的发展，市场需求改变，企业在不同发展阶段采用的手段方法等也要随之改变。内部学习极好地解决了如何有选择性地运用和落地这些理论等问题。

上佳公司"取其精华，去其糟粕"的学习成长模式将外部学习与企业实践相结合。促使学到的理论知识落地生根，上佳公司采取谨慎的态度，没有采用拿来主义，没有直接复制粘贴，而是基于企业自身实际，采用"小步快跑""摸着理论过河"的方式，一点一点，逐步落地。上佳公司目前采用的会计经营报表、人才培养模式、绩效分配方案等都来自于此。这个过程不是一帆风顺的，没有具体、清晰的时间表，如果总结的话，只能是量变到质变、厚积薄发、日积月累。

总结来看，上佳公司的经营体系理论来源如表7-3所示。

表7-3　上佳公司的经营体系理论来源

特征	外部学习	内部总结	外部学习与企业实践相结合
难易程度	易	难	一般
转化可能性	低	效率低	高
扎根能力	短期效率高	较强	长期效果好
系统性	差	强	强
迭代能力	弱	较强	强

资料来源：本研究整理。

（二）以实践为载体，梳理总结上佳"经营实践"思维

上佳公司在从理论到实践的"立地"过程中，逐渐梳理形成了上佳经营思维，包括系统思维、利他思维和服务思维。

1. 系统思维——点线面体，避免盲人摸象

员工只有能够从整体看到部分，才知道部分的客观，上佳公司培养经营管理人才一定要注意系统思维的培养。

——李战胜

在企业经营管理过程中，随着现代经营方式的发展，专业化划分越来越细，部门的职责越来越清晰。从积极的角度看，专业化和精细化有助于提升管理的效率，降低企业的经营成本；从消极的角度看，越来越细的划分，会导致企业部门之间的条线越来越多，这些条线之间的缝隙也会越来越多，给经营管理带来的挑战也越来越大。

如果员工只沉浸在本部门的工作职责中，就很容易走进"盲人摸象"的误区，紧接着会带来"部门墙"的问题，打通"部门墙"对企业而言是一个巨大的难题。想要突破"横看成岭侧成峰，远近高低各不同。不识庐山真面目，只缘身在此山中"这个谜团，只有一种方法，培养系统思维。系统思维就是运用系统观点，对互相联系的各个方面及其结构和功能进行系统认识的一种思维方法。客观事物是多方面相互联系、发展变化的有机整体，只有抓住整体，才能不失原则地采取灵活有效的方法处理事务。所以，人们只有基于整体性原则，从整体与部分、整体与环境的相互作用过程中认识和把握客观实际。

基于系统思维的整体性这一原则，上佳公司要求经营者在思考和处理问题的时候，必须从整体出发，把着眼点放在全局，注重整体效益和整体结果。上佳公司认为，掌握了系统思维方式，就能够在解决和处理问题时将原则性与灵活性有机结合。只要符合整体、全局的利益，就可以充分利用灵活的方法来处置。上佳公司采用系统思维解决问题主要体现在组织结构、短期目标与长期目标等方面，比如如何弥合组织划分带来的部门缝隙，如何平衡短期目标与长期目标实现相互兼顾。从组织结构看，将整体划分为小单元，部门之间（价值链）如何实现"1+1＞2"。上佳公司内部交易定价方法及价格变动、责任承担等，处处体现着系统思维的整体性原则。

从时间维度看，只有把眼前（短期主义）与未来（长期主义）完美结合，才是系统思维的体现。上佳公司不做杀鸡取卵的事情，一家公司的发展，一定要考虑未来如何做。换句话说，一家公司当前应该做什么、可以做什么、什么不能做，取决于该公司未来的发展方向，从这个角度来看，公司的系统思维体现在公司战略制定、公司战略执行、公司当前战术选择方面。上佳公司起步于烤肠，中途不得已放弃烤肠，后又重拾烤肠，当前又放弃烤肠，其实就是上佳公司在发展的过程中，从公司发展的未来方向到当前战术策略选择，从基于眼前的短期主义到基于未来决定眼前的系统思维的转变。

从内部成长看，上佳公司基于系统思维强调要把员工个人的发展与企业的发展融为一体。系统思维中的整体性原则，是作为企业发展最大资本的人才培养的又一体现。价值链从价值产生的视角，全面地描述了企业各个职能部门之间的关系，但是从一家企业价值创造的视角看，价值链并没有把价值创造的人的发展与公司发展的底层逻辑阐释清楚。上佳从学习（个体）—流程（组织）—客户（市场）—财务（企业发展）的整体性原则出发，全面保证公司战略在个人与企业组织的全面实现。

价值链更多的是关于企业内部流程如何合理安排、如何优化，促使更好地降低企业的经营成本和管理成本，上佳采用的是人才成长与公司发展齐头并进的系统思维，具备更宽、更广、更大的整体性。以企业发展的基本动机——开源节流为出发点，开源来自满足市场需求，节流来自流程优化，二者辩证地实现财务目标，更进一步，实现开源、实现节流的基础是人的发展，如图 7-5 所示。

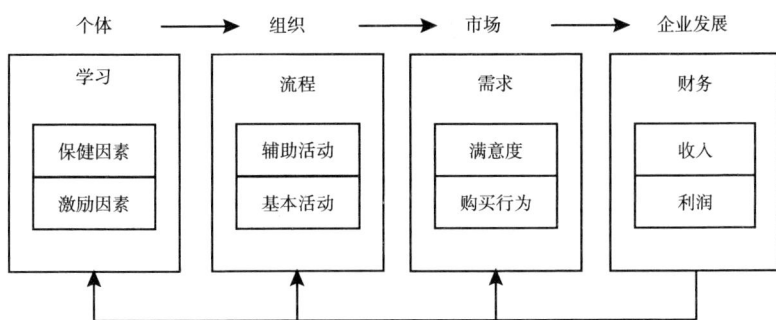

图 7-5 上佳公司系统思维框架

资料来源：本研究整理。

2. 利他思维——"舍得"有舍才有得

系统是任何一个独立个体生存所依赖的土壤。如果一家企业的部门或员工，只想着自身利益而忽略了他人，就只能制造虚假的"一团和气"，不可能营造真正的和谐，和谐的精髓是利他精神。

——范艳文

基于人的生存本能，利己是第一反应。不过，一个人不可能脱离社会关系，在社会群体中生活，单纯的利己并不符合社交法则，良好的群体生态关系是互惠互利的。如果说，利己能够让自己生存，利他则可以让自己发展。稻盛和夫先生说："利己则生，利他则久。"利他追求的不是自我牺牲，而是共赢，是先人后己，而不是损己利人，是指对"己"和"他"的次序进行微调，而不是利益的转让。

组织整体被划分为小组织后，为了衡量小组织的价值贡献，采用内部交易，尽管是虚拟利润，但是也很容易导致小组织之间因为利益而对立。依据博弈论，合作双方长期有效且最好的解决矛盾的方法是"以牙还牙"。站在系统思维的角度，基于合作利益最大化，以牙还牙的最佳方式——感恩。研究发现，感恩精神容易让大家互相理解和包容，营造一种和谐的工作氛围，让企业的活力被充分激发出来。感恩的内涵是对别人所给的恩惠表示感激。在上佳的经营管理中，部门与部门之间关系的基石就是站在对方的角度，经常思考我能给对方提供什么。

在上佳的经营管理中，内部各个部门之间的关系、上佳公司与外部市场的关系中，利他思维体现得淋漓尽致。上佳公司运用利他思维，把公司战略贯穿在各个方面，落地于各项具体的工作中。比如，在设计工作流程时，经营管理部首先要问自身，这项工作流程是站在部门的角度制定的吗？这项工作流程会提高部门的工作烦琐程度，会给部门带来负担吗？在发生部门冲突或对立时，对立的双方要自省，自己能为解决该矛盾或冲突做点什么等，如表7-4所示。

表 7-4 经营管理部利他思维举例

经营管理部门		
问题	利他思维	隐性知识
新进员工进入工作状态慢	如何让员工快速熟悉公司流程	服务蓝图
基层员工填报经营会计报表太烦琐	基层员工真的需要填报所有报表吗	经营报表分层
经营分析会的效率不高与效果不好	依据目标,明确汇报的重点与难点	统一模板的 PPT
……	……	……

资料来源:本研究整理。

上佳公司的经营管理体系中,有个非常重要的环节——内部交易。内部交易涉及交易定价,涉及交换双方的产品和核算。对于制造部门来讲,常常面临销售订单预测的不确定性,给制造部门的柔性管理带来了极大的挑战;对于营销部门而言,常常面临制造部门交货时间的不精准,对提升终端客户的满意度产生较大的威胁。这是两个基础活动的部门(参照价值链)经常面临的冲突,而内部交易又涉及部门价值贡献的衡量,涉及最后的绩效分配,上佳公司解决该冲突的法宝,即利他思维的几连问,如表7-5所示。

表 7-5 制造/营销部门利他思维举例

制造部门		
问题	利他思维	隐性知识
订单不确定	如何及时满足	弹性生产
竞争激烈品类给营销部门带来销售压力	保证产品质量的前提下降低成本	精细化管理
小规模多批次订单	如何合理安排弹性生产	柔性管理
……	……	……
营销部门		
问题	利他思维	隐性知识
交货时间不及时	尽可能不损害顾客满意度	协同配合
客户个性化的需求	如何弥补制造部门的非规模成本	价值定价法
瑕疵品给制造部门带来成本	如何更好地化解瑕疵品	关系管理
……	……	……

资料来源:本研究整理。

基于上述分析，上佳公司把梳理问题转化为寻找发展的机遇，把解决问题转化为成长的机会，通过利他思维，最终形成了上佳公司独有的各种隐性知识。换言之，向内看，利他思维，表象是让利于他，实质是精进自己。如果说组织划分的表现是分形，那么利他思维就保障该分形是有"芯"的分形，该"芯"链接和固定各"分形"，起到牵一发而动全身的作用，可以保证上下齐心。

3. 服务思维——做正确的事，正确地做事

上佳公司通过服务思维，最终实现利他思维的落地。在现代商业环境中，无论是竞争还是和谐都是客观存在的，市场意味着永久的竞争、短暂的和谐，而和谐也并非完全不竞争，企业要想在永久的竞争中取胜，利他思维是法宝，而服务是实现利他思维的利器，通过差异化服务更可能谋求利益的最大化和战略的持久化。上佳公司把外部市场客户的理念引入企业内部，依据价值链，基于企业价值创造活动，在各个部门、各个岗位之间引入服务意识，促进了上佳公司利他思维的落地。

服务思维本质上促进了企业内部的关系管理，提升了关系管理的层次，因为关系管理也实现了系统思维。关系管理分为三类，从低层次到高层次，分别是财务关系、结构关系和伙伴关系。财务关系是双方依赖财务往来而建立的关系，通常就是卖方与买方、钱货两清的关系，这种关系强度极弱，防火墙极差。伙伴关系是社会的、人际的联系，相较于财务关系，该类关系强度和韧度有所上升。结构关系是双方基于共同的目标做出努力，最终的结果是双赢。通过服务，可以建立社会性的人际联系，可以实现双方共赢。上佳公司通过强化服务意识，对内提升了团队凝聚力，对外减少了老客户流失。

人人都知，差异化竞争是最具有竞争力的竞争策略。站在市场角度，上佳公司借助服务思维，通过个性化地满足市场需求，提升了与供应商的黏性，又升级了与中间商的关系韧性。上佳的客户遍布全国各地，各地市场的需求差异性较大。上佳作为制造商，拥有大批量的订单，不仅能实现规模成本效应，还能降低对工厂管理的挑战。当规模生产与个性化需求相冲突时，上佳公司就会以服务的角色自问。上佳公司在实战中逐渐感知到，通过服务思维，公司可构建一种差异化优势。

　　上佳公司借助"换位思考",找到了落地服务思维的途径。换位思考,是设身处地地为他人着想,即想人所想、理解至上的一种处理人际关系的思考方式,换位思考意味着理解、信任、包容,意味着对人对己同一标准,最终实现严于律己、宽以待人。上佳公司各部门或员工遇到矛盾或问题时,从一开始的被要求自问,到现在的主动自问:"如果我站在对方的立场,我会怎么想?我会想要别人怎么做?"通过换位思考,上佳的员工在解决问题和矛盾时,减弱了个人情绪化的代入,多了一份理性的思考,这对弱化企业内耗发挥了极大的作用。

　　基于相关研究,服务思维在中原企业能够落地生根归因于文化背景。西方文化是独立自主文化,强调个体;东方文化是集体主义文化,强调相互依存。在东方企业实施基于西方文化背景的成果主义,这种激励方式会造成各个部门之间的关系对立和利益分割,无法构建出一个完整的经营体系,让员工和企业的黏着度下降,阻碍企业的发展通道。服务思维可以避免员工之间、部门之间的对立态度,弥补单纯用物质奖励方式带来的危害。上佳公司在推动企业制度落地的过程中越发感受到,基于服务思维的落地效果,要好于基于成果主义的落地效果。

　　总之,利他思维中体现着系统思维,利他思维中蕴含着服务思维;服务思维以利他思维为底层逻辑,服务的效果依赖于系统思维;系统思维是利他思维的基石,系统思维是服务效果的保障。上佳公司经营思维三足鼎立如图7-6所示。

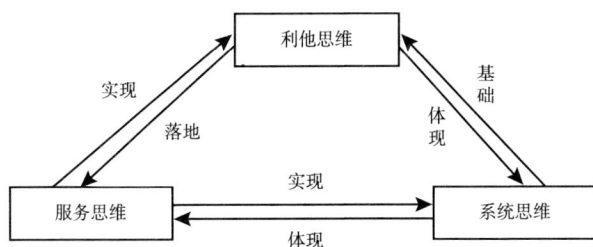

图7-6　上佳公司经营思维三足鼎立

资料来源:本研究整理。

第二节　实践能力提升，物质精神双丰收

> 双丰收是指物质和精神两个方面的丰收，物质丰收是脚踏实地奋斗的结果，精神丰收来自脚踏实地奋斗的过程。
>
> ——李战胜

上佳公司的薪酬体系，一直以来都没有完全采用成果主义。上佳公司认为，在市场竞争激烈的环境下，单纯地采用物质刺激的方式激励员工，在短期内是有益的，可以快速地选拔出优秀人才，也能够直接验证某个人对企业的贡献，赋予他们认真工作的动力。但是，成果主义无法激发员工内在的工作热情，并没有触动员工的内心，无法建立经营者的责任感和使命感。尤其是，当企业身处的市场环境发生重大变化，业绩下降时，员工再努力也无法达到鼎盛时期的水平，他们可能会被降薪或者解雇。

一个人的需求分为显性需求和隐性需求两个方面，显性需求包括生理需求和安全需求，隐性需求包括社交需求、自尊需求和自我实现需求。成果主义带来的激励往往局限于满足显性需求，依据边际递减效应，随着物质数量的增加，物质带来的效应影响逐渐减弱，员工与企业之间的紧密联系也随之淡化。这样看来，基于成果主义，员工和企业之间建立所谓的"稳定"的利益关系，但这种稳定只是短暂的、表象的。

一个人隐性需求的满足，即一个人精神需求富足，才是长久的"稳定"关系的保障。上佳公司强调，如果员工获得业绩，就能得到高额的回报，反之，就会被降薪或者开除，这时员工对企业的感情就会化为乌有，员工就会觉得自己是"打工者"，在为老板打工，从而滋生出一种消极甚至对抗的心态。不基于成果主义，而强调过程，在实现结果的过程中，员工提升解决问题的能力，收获解决问题的喜悦、实现目标的快乐。上佳公司认为，公司应该赋予员工长期的使命感和成就感，实现物质财富与精神富足。

（一）做中学+队中练+干中求——强化硬性能力

　　上佳最期望自己的员工能够依靠自我驱动的学习热情，加上公司的文化、经营体系、工作实践的打磨，积累丰富的经验和提高务实的能力。

——李战胜

1. 做中学：本职岗位强化"修行在个人"

　　上佳奉行"实践出真知"，员工个人、团队组织、公司平台的成长和发展一定来自实践的打磨，这个实践的第一基地，即岗位。上佳公司规范化管理的第一步，即梳理形成公司的岗位职责。岗位是组织为完成某项任务而确立的，由工种、职务、职称和等级等性质所组成，必须归属于一个人。岗位职责是一个具象化的工作描述，指一个岗位需要完成的工作内容以及应当承担的责任范围。任何岗位职责都是一个责任、权利与义务的综合体，有多大的权利就应该承担多大的责任，有多大的权利和责任就应该尽多大的义务。

　　上佳公司通过岗位职责，首先对员工进行科学配置，有效地预防因职务重叠而发生的工作扯皮现象，提高了工作效率和工作质量，基于员工在岗位上的表现，一方面，激发了内部竞争活力；另一方面，将岗位职责作为锻炼员工能力的依据，更好地发现和挖掘人才。企业依靠员工的智力和体力实现发展目标，员工依靠企业得到价值回报和实现自身发展，企业和员工在岗位职责的责权利统一过程中实现双赢。

　　上佳公司利用本职岗位提升员工实践能力，分为四个层面。首先，在思想层面，通过岗位职责激发员工工作主动性。上佳公司一直强调，工作的动力不是来自他人的压力，而是在此岗位上的员工发自内心自觉自愿。上佳公司从企业战略目标出发，传递落实到岗位目标，让员工真正明白岗位的工作性质，并努力激励他实现这个目标。上佳公司的经营会计报表，赋能员工认识到工作是为他自己做的，岗位是他个人展现能力和人生价值的舞台。

　　其次，在实践能力层面，通过岗位职责增强了员工的责任感。上佳公司强调，在实现目标的过程中，员工面对所发生的任何问题，主要由自己着手解决，他的上司仅仅起辅助的作用。通过岗位历练、各阶段工作的执行，员工依靠自我努力，提升了自我协调的能力，自我分析、自我判断、独立解决问题的能力。比如，上佳公司通过精益运营，促使员工在本职岗位的工作中深挖"努力向内求的本领"，一方面实现员工工作成果绩效的最大化，另一方面培养员工的自我决策能力及对工作完成状况的自我评价能力。

再次，在技能多样化方面，通过岗位职责丰富了员工的技能种类。上佳公司在制定岗位职责时，考虑尽可能一个岗位包含多项工作内容，以便发挥员工长期从事单一型工作而被埋没的其他才能。丰富的岗位职责内容，促使员工充分发挥各种技能，同时激励员工主动积极工作。比如，上佳公司的典型案例，在有些岗位职责中设定，固定期间内出色完成既定任务之后，可以获得转换到其他岗位工作的权利。通过工作岗位转换，丰富了企业员工整体的知识领域和操作技能，同时营造了各岗位员工之间和谐融洽的企业文化氛围。

最后，在角色认知方面，通过岗位职责明晰了企业员工的角色定位。上佳公司的员工在工作中，常常自问："我的岗位定位是什么？我自己的定位是什么？应该干什么、怎么干、干到什么程度？"上佳的营销人员，就不会认为自己只是个"卖货的"，而会准确定位自己是企业产品的推销人、企业形象的代言人、现代企业的经济人、流通领域的职业人、企业发展的当家人，同时还是社会责任的当事人，如图7-7所示。

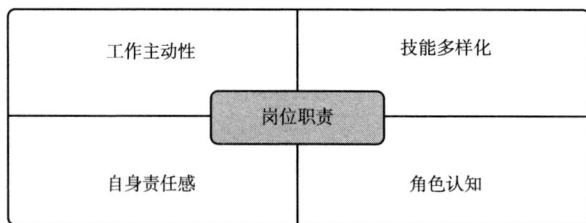

图7-7 上佳公司"做中学"

资料来源：本研究整理。

2. 队中练：团队氛围营造"师傅领进门"

管理学家斯蒂芬·P. 罗宾斯认为，团队就是由两个或两个以上的，相互作用、相互依赖的个体，为了特定目标按照一定规则结合在一起的组织。上佳公司认为，只有形成有共同目标、愿意共同承担责任的共同体，才能促使团队成员在团队发展过程中，经过长期的学习、磨合、调整和创新，形成共同承担责任、共享荣辱的意识，最终成为主动、高效、合作且有创意地解决问题的团队。

上佳公司在打造团队的硬实力方面，着重于团队的四个维度，如图 7-8 所示。

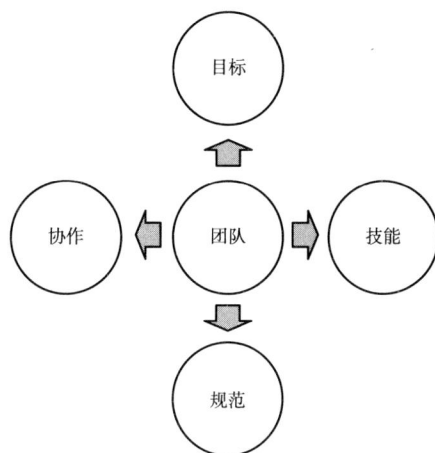

图 7-8　上佳公司团队四维度

资料来源：本研究整理。

目标是一个团队的导航方向，是团队往何处去，也是一个团队存在的价值。上佳公司采用的经营会计报表、精细化管理和精益化经营，自洽式地融合了团队目标管理。上佳公司通过组织划分，一方面把大组织划分为小组织，另一方面通过小组织的团队目标实现组织的战略目标。所以，上佳公司通过打造团队目标，明确了团队发展方向，营造了提升能力的氛围。

协作是一个团队提升工作能力的重要手段。目标是通过人员具体实现的，在一个团队中，有人出主意，有人定计划，有人来实施，有人协调不同的人一起开展工作，还有人监督团队工作的进展、评价团队的最终贡献，即团队目标是通过不同的人和不同的分工共同完成的。那么，每个团队在组织中的定位，每个个体在团队中的定位，个体在实现目标过程中如何更好地扮演角色，都离不开个体与个体之间、团队与团队之间的协作。

规范是一个团队遵循的标准，是保障团队高效交流和沟通的媒介，是团队实现协作的重要保障。想要高效地实现同一目标，团队成员就一定要使用相同的工作标准、范式等，这些工作标准和范式，就如同促使两个齿轮相互咬合的工作原理。如此，团队成员的工作才能像可以咬合的齿轮一样，实现高效协作。上佳公司在小组织团队中有岗位职责、工作标准等规范，在企业组织层面有统一的经营会计报表等规范。

技能是团队实现目标所必需的技术和能力。上佳公司认为，团队成员的技能与个人已有的知识经验相关，且是通过实践而形成的一定的智力活动，或运用专门技术的能力。技能包括初级技能和技巧性技能，初级技能是通过练习或模仿而达到"会做"某事或"能够"完成某种工作；技巧性技能是经过反复练习，完成一套操作系统，甚至达到自动化的程度。上佳公司为了落实团队四维度，采用很多方式方法，比如左膀右臂（机制、方案、评分表）、飞鹰训练营（方案）等。

"左膀右臂培养机制"是上佳公司在人才梯队建设中采用的将个人发展与企业实际相结合，制定一定比例的课程学习及相关实践工作培养人才的机制。依据"个人成长意愿+高绩效+高成长潜能"的选拔标准，在总经理、部门经理、大区经理、车间主任层级每岗位选取两人作为核心人才，分别担任"参谋长"和"政委"的角色进行培养。"左膀右臂"日常处理学习领导者相关工作内容，参与部门及上级部门重大事宜讨论，协助中高层领导者完成相关工作。通过这种培养机制在企业中形成比、学、赶、帮、超的成长氛围；坚实公司人才梯队，加速人才梯队建设，储备接班人，同时给予优秀员工成长机会，也给予管理层压力和动力，牵引管理层持续成长。

飞鹰训练营详细来说就是上层管理者以"导师"的身份进行跨级带导，总经理的跨级培养对象为部门经理、总经理接班人及核心岗位特别优秀人才；事业部部长跨级培养对象为大区经理接班人及核心岗位特别优秀人才；生产部经理跨级培养对象为车间主任、科长接班人及核心岗位特别优秀人才。通过跨级带导的形式坚实公司的人才梯队，培养公司发展的核心人才，保障公司人力资源支撑公司战略布局以及未来长远发展。

培养方式主要采用小比例的课程培训加大比例的实战。将人才未来发展与公司长远发展相结合，带教导师亲身参与，向跨级人才讲述自己的亲身经历，以身带教，做好传承，利用情景演练方法对人才进行培养，导师根据学员表现进行反馈和指导，鼓励向学员提供更新、更难、更大的工作促进人才培养。

3. 干中求：组织平台赋能"量变到质变"

培养经营管理思维，不是一个岗位实践的事情，也不是一个团队打造的事情，而是一个平台整合的事情。

——李战胜

上佳公司一直强调，公司对员工的培养核心是打造和培养经营思维，经营思维的培养依赖于员工能站在企业组织和平台的角度去考虑经营。上佳公司在落实经营思维的培养上，采取了若干种方式，非常突出的三种手段是交叉岗位培养、可上可下灵活岗位选拔和企业内部平台孵化。不同岗位塑造不同的思维方式，通过交叉培养，实现多种思维方式的培养，最终为团队的高效协同做努力；基于绩效，实行岗位的可上可下，促使员工学会分析市场计划与竞争威胁，为培养经营中的战略思维打下基础；内部孵化，企业为员工提供创业机会，打造创业平台，推动经营思维落地。

上佳公司通过交叉培养，实现思维方式从量变到质变。交叉培养就是员工可以在不同的部门学习，在上佳公司，通过交叉培养，员工不仅在自己的岗位上实现熟练操作，还能获得另外一种职业技能或能力，同时了解整个管理系统的操作流程。上佳公司一直以来都强调，以满足市场需求为企业谋求发展的源头，企业内部职能部门以服务市场需求为前提开展工作，所以，管理部门的员工都有市场活动日，通过交叉培养，公司内部的工作流程都体现了服务市场需求的目标。

上佳公司的经营管理部部长，就是从财务部门出发，经历了上佳公司的财务体系梳理、经营会计体系搭建（复制粘贴阶段）、经营会计报表的提炼（落地生根阶段）、经营管理流程管控等。经营管理部部长张丽君说："不同的岗位锻炼不同的思维方式、技能。"

上佳公司通过岗位的可上可下，促使员工实践能力实现从量变到质变。上佳公司的员工岗位不是稳定的、固定的，而是根据个人的工作结果、工作态度、工作能力进行调整。上佳公司为员工成长搭建了动态调整模式。区别于传统的定岗模式，上佳公司更倾向根据岗位要求和员工的技能水平，进行人岗匹配。通过动态的岗位与个人匹配筛选，上佳公司一方面实现了保证企业活力不削弱的目标，另一方面提高了员工对岗位的满意度，尤其是动态调整提升了员工的能力。

岗位可上可下又为交叉培养提供了充分必要条件，员工能力通过可上可下的动态岗位匹配获得了提升。可上可下意味着成长机会与威胁压力并存，"可上"一方面意味着具备了岗位需要的技能，另一方面也蕴含着发展上升的机会和空间；"可下"一方面意味着对比他人，还要为具备当前岗位所需技能而提升自我，另一方面蕴含着要做好向下的心态准备。上佳公司的岗位竞聘活动、员工测评岗位匹配活动等都是岗位可上可下的体现。

上佳公司实现平台赋能，通过内部孵化实现员工能力从量变到质变。内部孵化是指上佳自身孵化"金蛋"，从公司内部培养经营人才。市场的需求是动态发展的，消费者的需求不断被市场中的竞争者所引导，企业面临的外部环境的不确定性逐步增加，应对上述外部环境的变化，唯一的法宝就是不断识别市场需求，研发、生产与市场需求相匹配的产品。上佳公司一直以来，在面临市场需求变化时都保持着应有的谨慎和客观，不断加大产品研发的投入，提高推向市场的产品品类丰富度。

产品研发的投入、产品品类丰富度的提升，对提升上佳员工的实践能力发挥着极大的推动和催化剂作用。上佳公司在把产品推向市场的过程中，面临新产品如何在市场中布局，如何与竞争对手之间形成差异化定位，如何制定有效的营销推广策略，如何在推广过程中打造团队的稳定性，如何进行目标管理等，这些都是对实践者能力的考验和提升。上佳公司整个平台提供的经营会计、精益运营、技术赋能、人才支持等成为赋能工具箱，成为提升员工解决问题能力的催化剂。

（二）树文化+塑价值+强学习——提升软性实力

会议并不是越多越好，但是在独立自主的经营模式下，企业需要经常以开会的形式向员工阐释独立自主的经营理念，告诉每一位员工该如何成为优秀员工，如何实现自己的价值，这是一个非常重要的做法。

——李战胜

1. 树文化

企业发展过程中出现的问题，绝大多数都是企业文化的问题。一家企业在探索企业发展过程中面临的各项问题，基本上都可以归因至企业文化方面，人才如何培养取决于企业文化，企业如何创造价值取决于企业文化等。

——李战胜

企业文化，也称为组织文化，是一个组织的价值观、信念、仪式、符号、处事方式等组成的特有的文化形象，简单而言，就是企业生产经营和管理活动中所创造的具有该企业特色的精神财富和物质形态。企业文化是企业在经营活动中形成的经营理念、经营目的、经营方针、价值观念、经营行为、社会责任、经营形象等的总和。企业文化包括企业愿景、文化观念、价值观念、企业精神、道德规范、行为准则、历史传统、企业制度、文化环境、企业产品等，其中价值观是企业文化的核心。企业文化是企业个性化的根本体现，是企业生存、竞争和发展的灵魂。

上佳公司的企业文化内容如图7-9所示。

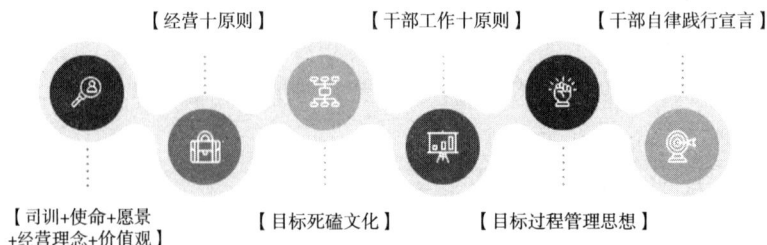

图7-9 上佳公司企业文化内容

资料来源：上佳公司。

上佳公司通过各种方式渗透企业文化，比如每日晨会前的宣读、每月经营分析会的宣读、企业文化宣讲大赛，最经典的当属上佳公司形成的死磕工作目标的文化，如表7-6所示。

表7-6 上佳公司：目标死磕文化

目标死磕文化就是奋斗文化，死磕是对奋斗更形象、更彻底的一种表达，死磕是一种信念！利出一孔，力出一孔
①死磕是指对于既定目标坚定不移、全力以赴，不达目的誓不罢休的态度和行为
②接受到任务后能够充分理解目标任务的内涵及重要意义，评估现状与目标的差距，设计达成目标的多条路径，并对可能的风险进行多方位评估，同时制定应对措施
③能够清晰表达实现目标的关键举措、行动方案及关键里程碑指标
④为了达成目标，多方位评估自己所拥有的一切资源，甚至想方设法利用、创造资源
⑤利用一切资源展开行动，并在过程中及时评估措施行为对于目标实现可能产生的差距并及时调整
⑥在行动过程中紧盯目标，从不动摇目标实现的可能性，永远不说不可能
⑦能够摒弃因目标实现的艰难所带来的负面情绪影响，并能够鼓励伙伴为达成目标全力以赴
⑧有勇气放弃影响既定目标实现，或与目标实现无关的其他任何利益诱惑
⑨为了实现目标要有目标深入骨髓的精神，要有日思夜想、排除万难、全力以赴的勇气和毅力
⑩为了实现目标，能够积极学习，未雨绸缪

资料来源：上佳公司。

上佳公司通过企业文化强化了员工的使命感，不管什么企业都有它的责任和使命，使命感是全体员工工作的目标和方向，是企业不断发展或前进的动力之源。企业文化凝聚了员工的归属感，企业文化的作用就是通过企业价值观的提炼和传播，让一群来自不同地方的人共同追求同一个梦想。企业文化增强了员工的责任感，企业要通过大量的资料和文件宣传员工责任感的重要性，管理人员要让全体员工树立责任意识、危机意识和团队意识，要让大家认识到企业是全体员工共同的企业。企业文化赋予了员工荣誉感，每个人都要在自己的工作岗位、工作领域，多做贡献、多出成绩、多追求荣誉感，实现员工的成就感。一家企业的繁荣昌盛关系到每一位员工的生存，企业繁荣了，员工们就会引以为豪，会更积极努力进取，荣耀越多，成就感就越强、越明显。

　　2. 塑价值

　　　　我喜欢那些不使用强权，而是用自己美好的道德品质去服众的带头人。因为他们是让人尊敬的人，他们能够为企业的发展带来巨大的影响，影响着员工的道德素质，这种领导人就是让上佳不断发展壮大的"功臣"。

　　　　　　　　　　　　　　　　　　　　　　　　　　　　　　——李战胜

　　价值观是指企业内成员对某个事件或某种行为好与坏、善与恶、正确与错误、是否值得仿效的一致认识。价值观是企业文化的核心，价值观是把所有员工联系在一起的精神纽带，是企业生存、发展的内在动力，是企业行为规范制度的基础。统一的价值观使企业内成员在判断自己行为时具有统一的标准，并以此来决定自己的行为。《价值》的作者张磊说："企业的价值观赋予企业长期使命感和成就感。"上佳公司李战胜董事长说："价值观放在利润的前面，坚信价值观是这个企业真正核心的东西，那么利润将只是做正确的事情后自然而然产生的结果。价值观对于提高公司的道德水准、形成公司的合力、让员工朝着正确的方向奋进，都是必不可缺的。"上佳公司在发展的过程中，逐渐形成了独有的的价值观，如图7-10所示。

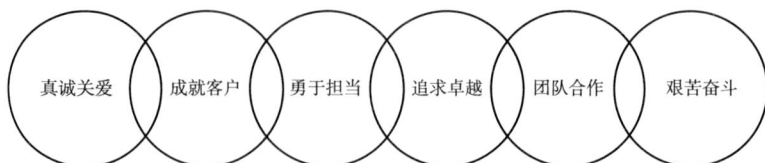

图 7-10　上佳公司价值观

资料来源：上佳公司。

上佳公司对每一条价值观的内涵都有非常详尽的解释，并且有非常清晰的对应标准，这些标准已经成为上佳所有员工的工作指南，如表 7-7 所示。

表 7-7　上佳公司价值观含义及工作指南

价值观	内涵	工作指南
真诚关爱	真诚是上佳公司追求的基本态度，真心实意，坦诚相待，忠于事物的本质，保持本色不做作，不懂就问，不掩饰缺点，不掩饰过错，常怀利他之心，尊重伙伴，主动关心爱护伙伴，关爱而不怜悯，宽容而不纵容，相互扶持，共同成长	能够真实地反映工作状况，不弄虚作假，不刻意隐瞒；爱自己，爱同事，爱家人
		正言、正行、正能量，不唯上欺下，不抢功甩锅，不能只报喜不报忧
		坦诚相待，善于指出伙伴的错误，营造互助互信的工作氛围
		知行合一，心怀大爱，时刻保持利他之心
		善于倾听，尊重不同意见，决策前真诚，充分表达，决策后坚决执行
成就客户	坚持以客户为中心，快速响应客户需求，持续为客户创造价值进而成就客户，为客户提供需要的产品和服务，是我们工作的方向和价值评价的标尺，成就客户就是成就我们自己	心怀感恩，尊重客户，保持谦和，随时随地维护公司形象
		微笑面对投诉和受到的委屈，积极在工作中为客户解决问题
		与客户交流过程中，即使不是自己的责任，也不推诿，全力协同解决
		充分了解客户需求，站在客户的立场思考问题，在坚持原则的基础上，最终实现客户和公司满意
		洞察客户的潜在需求，为客户提供超预期服务

续表

价值观	内涵	工作指南
勇于担当	勇于承担责任和担当使命,面对困难敢于迎难而上,面对矛盾敢于挺身而出,面对错误失败敢于担当责任,面对不良风气敢于坚决斗争	独立思考,独立判断,不随波逐流
		工作中敢于做取舍,敢于担责任
		打破边界,主动补位,坚持做正确的事
		在困难面前不回避,不推脱,冲锋陷阵,树立榜样
		在组织需要的时候,不计较个人得失,挺身而出,勇于担当
追求卓越	今天的最好表现是明天的最低要求,做事情充分体现以责任结果为导向,勇于创新,精益求精,不断挑战更高目标并全力以赴达成	认真踏实,自动自发完成本职工作
		保持开放,持续学习,学以致用
		不为失败找借口,只为成功找方法,全力以赴拿结果
		不满足现状,不自我设限,打破"不可能"的边界,勇于创新
		不断设定更高的目标,今天的最好表现是明天的最低要求
团队合作	确保战略目标层层分解,目标上下左右贯通。将个人目标与组织目标合二为一,力出一孔,共担共享。甘于为组织奉献,为伙伴奉献,用小我成就大我,打造最具凝聚力和战斗力的团队	积极融入团队,乐于接受同事的帮助,配合团队完成工作
		决策前发表建设性意见,充分参与团队讨论,决策后无论个人是否有异议,必须在言行上完全予以支持
		积极主动分享业务知识和经验,主动给予同事必要的帮助,善于利用团队的力量解决问题和困难
		善于和不同类型的同事合作,不将个人喜好带入工作,充分体现"对事不对人"的原则
		胜则举杯相庆,败则拼死相救
艰苦奋斗	我们没有任何稀缺资源可以依赖,唯有艰苦奋斗才能赢得客户的尊重和依赖。艰苦奋斗是我们的工作作风和精神状态。在思想上要时刻保持紧迫感、危机感,避免懈怠,不断打破现有优势;在行动上,要敢于迎难而上,以坚韧不拔的奋斗精神,创造出实实在在的业绩	收入最大化,费用最小化,不铺张浪费
		勇于到艰苦的环境中工作
		保持危机感、紧迫感、不懈怠
		有条件上,没有条件创造条件也要上,以坚韧不拔的奋斗精神,创造出实实在在的业绩
		创造带来变化、带来突破性的结果

资料来源:上佳公司。

上佳公司通过价值观塑造员工的"软实力"。首先，上佳公司"可上可下"的实力主义就是价值观——追求卓越的一种表现。实力主义打破了工作年限和阅历上的限制，在上佳，大家有个共识，有才者的出现不是剥夺他人的利益，而是为大家创造更多的福利。在这里，实力主义恰恰是创业者的企业家精神与战斗力的体现，实力是一个动态变量，一个能够通过实践和学习强化的因素，即平庸者可以提升能力，强大者也可能退化能力，其对应上佳提倡的终身学习能力。

其次，上佳公司倡导的内部创业也是价值观——勇于担当的表现。内部创业是指由一些有创业意向的员工发起，在企业的支持下承担企业内部某些业务内容或工作项目，进行创业并与企业分享成果的创业模式。这种激励方式不仅可以满足员工的创业欲望，也能激发企业内部活力，改善内部分配机制，是一种员工和企业双赢的管理制度。表面上看，内部创业好像是企业拿自己的资源成全了他人的美事。本质上，其使企业运作趋于稳定，更通过制度化的授权，减轻企业负责人的工作负担。

3. 强学习

每个人的大脑中都有一个属于自己的操作系统，像电脑一样，每个人都有一套属于自己的输入（出）体系，有一套自己的运行处理机制。世上没有完美的操作系统，每个操作系统都或多或少存在局限，就算它有优势，也不能彻底消灭 Bug。最美的系统应该就是拥有自动升级机制的系统，该自动升级能够不断提升升级的速度和频率，还保持这个操作系统的稳定性。最关键的是，绝大多数人的操作系统竟然是从不更新的！上佳公司在培养员工的软实力方面，特别重视学习手段对软实力的影响。

首先，上佳公司强调通过学习学做人。李战胜董事长强调，作为人，何谓正确，简单地说，就是不做对不起自己良心的事情。比如，上佳不坑骗同行和其他伙伴，即使在第一次扩张之后，上佳的农业循环经济并未如预期一般发展，并且出现了资金链紧张等危机状况，也宁肯自己亏损，将前期投入放在自家企业导致持续性亏损，也不想昧着良心将前期投入售出，让他人受到损失。

上佳公司的"以德服人"也贯穿在企业的经营过程中，上佳将是不是个合格的榜样，是否真的关心员工，当作考核领导者的重要指标。上佳强调一定要透过解决问题分析德行。每一个层级的领导者都要身先士卒冲在第一线，只要领导者做到了，员工就没有借口做不到，而且会在领导者的带动下全力以赴。领头羊应该是员工的贴心人，无论是工作中遇到了问题还是生活中碰到了困难，领导者都能想办法帮助员工，一方面拉近和员工之间的距离，另一方面也带来了更强大的凝聚力。

其次，上佳公司强调通过学习承担责任。上佳公司在泌阳做农业循环经济时，当地的基础设施条件较落后，上佳公司出资为当地农民建造天然气管道以及修建公路。另外，上佳还在希望小学的建造、福利院的援助方面体现出自己作为一家民营企业的社会责任担当。上佳公司以自身的真实行动，通过履行社会责任，一步一步带动公司员工意识到"责任""担当"。

在公司内部，倡导团队内部的"传、帮、带"文化与跨团队的交流和分享，通过工作中的耳濡目染与逐渐熏陶，注重每个人给团队分享有效的新认知与新发现，被选为"老师"的人毫不吝啬地分享工作秘籍。这是一个在组织内部不断对新人进行训练的过程，该机制缩小了个体认知偏差。无保留地分享，全身心地传递，其实就是员工个体对这个组织的责任体现。

最后，上佳公司强调通过学习学会经营。上佳公司有个特别重要的会议——经营分析会。通过经营分析会，一方面复盘上个阶段的经营成果，另一方面制定下一个阶段的目标。上佳公司的复盘会议避免了传统复盘的陈旧方法，比如很多人喜欢复盘，总结过去的得失经验，但习惯用老旧的经验去解决当前的问题，或者干脆简单机械地套用刚刚积累的经验去解决新出现的问题。上佳公司强调从多个视角和维度复盘，让每一个参与者都能各抒己见，帮助企业全方位地分析发展过程中存在的问题，真正做到"无死角"式的自我批判，促使员工个人操作系统自动升级。

通过复盘，上佳让员工感受到经营的乐趣，很多企业的员工没有话语权，所以即便参加等级较高的会议，也只能作为一个旁听者，更不要说提出意见了。但是在上佳，复盘会议不仅考虑经营问题，更要考虑员工的个人成长，所以会议时刻关注员工的思想动态。通过复盘会议，使员工感受到自己是在"经营"而不是完成"任务"，让他们意识到企业的前途命运是掌握在他们手中的，因此让他们参与到年度计划的制定工作中。这样既能拓展他们的格局和开阔他们的视野，又能强化他们的经营意识和思考能力，从而让越来越多的执行层真正关注企业的发展，与之同呼吸、共命运。

双轮驱动发展，以奋斗者为本，优物质+富精神，物质丰富为精神富足奠定良好的基础，精神富足为物质追求铺垫正确的路径，物质丰富与精神富足相辅相成。

图书在版编目（CIP）数据

双向循环价值塑造：上佳品牌经营体系分析 / 张亚
佩著 . --北京：社会科学文献出版社，2024.8.
（新时代河南企业创新发展论丛）. --ISBN 978-7-5228-
3705-5

Ⅰ . F426.826

中国国家版本馆 CIP 数据核字第 2024A914G2 号

新时代河南企业创新发展论丛

双向循环价值塑造
——上佳品牌经营体系分析

著　　者 / 张亚佩

出 版 人 / 冀祥德
责任编辑 / 张　媛
责任印制 / 王京美

出　　版 / 社会科学文献出版社·皮书分社（010）59367127
　　　　　　地址：北京市北三环中路甲 29 号院华龙大厦　邮编：100029
　　　　　　网址：www. ssap. com. cn
发　　行 / 社会科学文献出版社（010）59367028
印　　装 / 三河市龙林印务有限公司

规　　格 / 开本：787mm×1092mm　1/16
　　　　　　印 张：13.5　字 数：202 千字
版　　次 / 2024 年 8 月第 1 版　2024 年 8 月第 1 次印刷
书　　号 / ISBN 978-7-5228-3705-5
定　　价 / 89.00 元

读者服务电话：4008918866

版权所有 翻印必究